Anja Wied

Stempeln und Drucken: Wirbel um die Jahreszeiten

Ideenfundus
Bild-für-Bild-Anleitungen
Schablonen
Differenzierungsangebote

Inhaltsverzeichnis

Liebe Kollegin, lieber Kollege 3
Die bunte Welt der Farben 4
Das Stempel- und Frottagemosaik 10
Die Grundmaterialien 13

Frühlingsgeflüster 15

Die Margeritenwiese
Das Material 17
Die Anleitung 18
Weitere Bildvarianten zum Thema „Die Margeritenwiese" 24

Fliegende Schirmchen
Das Material 25
Die Anleitung 26

Sommerwind 29

Lustige Hummel
Das Material 30
Die Anleitung 32
Weitere Bildvarianten zum Thema „Lustige Hummel" 37

Der Möwenflug
Das Material 38
Die Anleitung 39
Weitere Bildvarianten zum Thema „Der Möwenflug" 44

Blätterwirbel 45
Kleine Laub-Baumkunde 46

Das Herbstlaub
Das Material 48
Die Anleitung 49
Weitere Bildvarianten zum Thema „Das Herbstlaub" 52

Das Blätter-Paarspiel
Das Material 53
Die Anleitung 54

Schneegestöber 58

Winterbilder
Das Material 59
Die Anleitung 60
Weitere Bildvarianten zum Thema „Winterbilder " 66

Eiskristalle
Das Material 68
Die Anleitung 69
Weitere Bildvarianten zum Thema „Eiskristalle" 73

Anhang: Schablonen 74
Nachwort 79

Liebe Kollegin, lieber Kollege,

das Spannende am Stempeln ist zu entdecken, welche Materialien dafür geeignet sind, und zu sehen, was dabei auf dem Papier entsteht. Kinder sind neugierig und gehen gerne mit Ihnen auf Entdeckungsreise. Begeben Sie sich gemeinsam auf die Suche nach geeigneten Gegenständen, Oberflächen und Strukturen für die Stempel- und Frottagetechnik, wie sie im Abschnitt „Das Stempel- und Frottagemosaik" (siehe Seite 10–12) beschrieben wird. Es ist faszinierend zu sehen, wie schnell ein solches Mosaik entsteht und welche tollen Ergebnisse alle Kinder, egal ob kreativ schwach oder stark, mit den in diesem Buch beschriebenen Stempeltechniken erzielen. Hier kann jedes Kind auf Anhieb mitmachen, und es macht Spaß.

Zu fast jedem Thema gibt es Differenzierungsangebote, um ganz sicher zu gehen, dass jedes Kind voll auf seine Kosten kommt. Kreativ schwache Kinder haben die Möglichkeit, mit einfacheren Materialien zu arbeiten oder bestimmte Arbeitsschritte wegzulassen. Gekennzeichnet sind entsprechende Hinweise für die „kleinen Künstler" jeweils mit einem Farbklecks. Informationen, die für die meisten anderen Kinder gedacht sind, erkennen Sie an einem Pinsel und dem Zusatz „für alle Künstler". Für kreativ stärkere Kinder gilt grundsätzlich, dass sie möglichst ohne Kopiervorlagen und Vorgaben arbeiten sollen. Diese „großen Künstler" werden dazu angehalten, eigene Ideen zu entwickeln und mit einzubringen. Diese Hinweise sind jeweils mit einer Farbpalette markiert.

Auf den Seiten 4 bis 9 finden Sie den Abschnitt „Die bunte Welt der Farben". Hier geht es um einige Aspekte der Farblehre, die für Grundschulkinder im Allgemeinen verständlich sind. Es geht unter anderem um den Farbkreis, um das Mischen von Farben und darum, die Kinder dafür zu sensibilisieren, welche Farben zueinander passen und welche nicht, welche Farben zu welcher Jahreszeit überwiegen sowie was kalte und warme Farben sind. Möchten Sie einige der Inhalte vertiefen, empfiehlt sich das Buch „Farbenlehre Easy" von Monika Reske (erschienen im Topp Verlag), in dem weitere Themen aufgegriffen und in verständlicher Weise erklärt sind.

Dem Buchtitel „Wirbel um die Jahreszeiten" entsprechend wird zu jeder Jahreszeit ein Aspekt der Farblehre aufgegriffen, zu dem die Kinder passende Bilder anfertigen können. So vertiefen sie das Gelernte und können es beim Stempeln anwenden. Alle Themen in diesem Heft werden mit ausführlichen Schritt-für-Schritt-Anleitungen in Bildern und Texten beschrieben und sind in der Regel von allen Kindern des dritten und vierten Schuljahrs umsetzbar. Da es immer auch Kinder gibt, die nicht streng nach den Vorgaben, sondern nach eigenen Ideen arbeiten möchten, gibt es unter den Beispielbildern auch Bilder mit Farbzusammenstellungen, die nicht zu hundert Prozent den Vorgaben entsprechen, wie z. B. Winterbilder mit rotem Hintergrund. Zusätzlich wirken sich Unterschiede in der Feinmotorik und Kreativität der Kinder auf die Individualität der Bilder aus. So bekommt jedes Kunstwerk am Ende seinen ganz eigenen Stil.

Ich wünsche Ihnen viel Spaß mit dem Heft und wunderbar kreative Kunststunden mit Ihren kleinen und großen Künstlern.

Anja Wied

Ihre Anja Wied

Die bunte Welt der Farben

Welche Farben finden wir in unserer Umgebung, und welche Farben überwiegen zu welcher Jahreszeit? Welche Farben harmonieren miteinander, während andere Farben einfach nicht zueinander passen wollen? Was sind warme bzw. kalte Farben? Auf diese Fragen und weitere Bereiche der Farblehre, wie z. B. das Mischen von Farben, geht dieses Buch ausführlich ein. Bevor Sie mit dem Stempeln beginnen, empfiehlt es sich, folgendermaßen in das Thema einzuführen:

1. Regen Sie die Kinder an, über folgende Punkte nachzudenken: Ohne Farben wäre die Welt ganz langweilig. Alles wäre nur schwarz, weiß und grau. Man muss nur einmal an die vielen Pflanzen und Tiere denken: bunte Schmetterlinge und Blumen, grüne Bäume, die sich im Herbst bunt verfärben, buntes Obst und Gemüse, …
2. Lenken Sie die Aufmerksamkeit der Kinder weiter auf die Farben in ihrer Umgebung, dazu eignet sich das Spiel „Ich sehe was, was du nicht siehst".
3. Führen Sie danach ein Brainstorming mit den Kindern durch: Zu welcher Farbe fallen ihnen welche Pflanzen, Tiere, Obst- und Gemüsesorten ein? Zeichnen Sie dazu eine Tabelle mit den wichtigsten Farben (Primär- und Sekundärfarben) an die Tafel und listen Sie darunter die Dinge auf, die die Kinder passend zu den Farben aufzählen.

Grundsätzliches zum Thema „Farblehre"

Da das Thema „Farblehre" sehr komplex ist, wird hier nur auf einige wenige, für Grundschulkinder verständliche Bereiche eingegangen. Alles andere würde zu weit führen und sie nur unnötig verwirren. Damit die Kinder sich die Inhalte der Farblehre besser merken und sie später in ihren Bildern anwenden können, empfiehlt es sich, sich zunächst zwei bis drei Kunststunden lang darauf zu konzentrieren.

Passend zur thematischen Unterteilung des Buches in die vier Jahreszeiten werden jeweils verschiedene Bereiche der Farblehre aufgegriffen, damit diese vertieft werden können, indem die Kinder sie in ihren Bildern umsetzen. Die Titel der jahreszeitlichen Themen lauten „Frühlingsgeflüster", „Sommerwind", „Blätterwirbel" und „Schneegestöber". Ihnen zugeordnet sind folgende Bereiche der Farblehre:

Jahreszeit	Bereich der Farblehre
Frühling	→ die harmonischen und disharmonischen Farben
Sommer	→ die Komplementärfarben und die räumliche Farbwirkung
Herbst	→ die Farben nach Jahreszeiten
Winter	→ die warmen und kalten Farben

Was sind Primär-, Sekundär- und Tertiärfarben?

Die **Primärfarben** sind die drei Grundfarben Gelb, Rot und Blau (genauer gesagt: Gelb, Magenta und Cyan). Sie können nicht aus anderen Farben gemischt werden, jedoch können alle anderen Farben aus den drei Primärfarben gemischt werden. Dies funktioniert allerdings nicht mit einfachen Deckfarben, sondern für ein optimales Mischungsverhältnis werden reine Pigmentfarben benötigt. Wollen Sie den Kindern das Prinzip des Mischens nicht nur theoretisch erklären, sondern praktisch vorführen, benötigen Sie daher möglichst reine Acrylfarben mit einer hohen Pigmentierung. Diese können Sie am besten im Fachhandel für Künstlerbedarf kaufen.

Die **Sekundärfarben** werden zu je gleichen Teilen aus zwei Primärfarben gemischt. Sie kommen in der Natur z. B. bei Blumen, Schmetterlingen, Vögeln (etwa beim Eisvogel, der blau und orange ist) und Fischen vor. Möchten die Kinder einen eigenen kleinen Farbkreis erstellen, können sie dazu der Einfachheit halber die fertigen Farben aus dem Farbkasten nutzen. Sie sollten dabei zuerst die Wasserfarben auftragen und dann mit schwarzem Filzstift Ränder um die Felder ziehen (siehe Foto links).

Die **Tertiärfarben** werden aus jeweils zwei benachbarten Farben des Farbkreises der Primär- und Sekundärfarben gemischt. Diese Farben sind nicht so klar, rein und leuchtend wie Primär- und Sekundärfarben. Sie sind somit „gebrochene" Farben. In der Natur sind die **Mischtöne** die häufigsten Farben. Deshalb ist es auch so wichtig, in der Landschaftsmalerei stets mehrfach gemischte Farben zu verwenden, um Wälder, Wiesen, Täler und Berge so naturgetreu wie möglich darstellen zu können.

Farbkreis aus Primär-, Sekundär- und Tertiärfarben

Was sind Komplementärfarben?

Komplementärfarben sind Farben, die sich im Farbkreis gegenüberliegen. Sie verstärken sich gegenseitig in ihrer Leuchtkraft und bieten somit die beste Möglichkeit, Kontraste auszudrücken. Dabei gilt: Je reiner die Farben in ihrer Pigmentierung sind, desto stärker und leuchtender ist die Wirkung der Kontraste.

Was sind warme und kalte Farben?

Gelb, Orange und Rot empfinden wir als warme Farben, weil wir sie mit etwas Warmem wie dem Feuer verbinden. Sie überwiegen im Sommer. Lila, Blau und Grün verbinden wir mit Wasser und Eis. Sie überwiegen im Winter, und wir empfinden sie deshalb als kalt. Aber auch Farben, die nur gewisse Anteile von Blau haben, wirken kalt, während die Farben mit Gelbanteilen warm wirken. So sind zum Beispiel Lila und Pink kalte Farben, weil sie blaue Anteile enthalten. Bei Pink sind diese Anteile nur gering, bei Lila hingegen eher hoch. Ein weiteres gutes Beispiel sind verschiedene Grüntöne: Mischt man Grün mehr Blau zu, entsteht ein Türkis, welches kalt wirkt (wie die Farbe eines Bergsees). Mischt man diesem Grün aber mehr Gelb zu, erhält man ein warmes Gelbgrün (wie die Farbe einer Sommerwiese mit leuchtendem Löwenzahn). Diese verschiedenen Farbmischungen lassen sich leicht mit dem Wasserfarbkasten ausprobieren. Versuchen Sie es zunächst selbst, bevor Sie es Ihren Kindern vorführen, die es wiederum selbst testen sollten. Gerade die Mischung der verschiedenen Grüntöne – mal heller, mal dunkler – ist sehr wichtig, da Sie so den Kindern vermitteln, dass sie nicht ausschließlich die im Farbkasten vorhandenen Grüntöne verwenden sollten, damit ihre Bilder später auch natürlich wirken.

Die räumliche Wirkung der Farben

Kalte Farben wirken weiter entfernt, warme Farben näher. Helle Farben und Farben, denen Weiß beigemischt wurde (also Pastelltöne) wirken ebenfalls blass, kühl und entfernt. Kräftige, klare und leuchtende Farben rücken in den Vordergrund. Wendet man dieses Prinzip auf die Landschaftsmalerei an, erzielt man räumliche Tiefe in den gemalten Bildern. Die Kinder können dieses Prinzip leicht ausprobieren, indem sie mit Wasserfarben zunächst einen blassblauen Himmel und direkt darunter, noch im oberen Drittel des Bilds, zwei bis drei Bergreihen malen. Diese werden in einem Gemisch aus stark verdünnten Blau-, Braun- und Grüntönen gemalt. Ist etwas zu viel Farbe auf das Blatt gekommen, wird sie sofort mit einem Stück Küchenrolle vom Bild gesaugt. Wird zu lange damit gewartet, ist eine Farbreduktion nicht mehr möglich.

Der Mittelgrund wird mit einem leichten Hellgrün gemalt. Dann folgt der Vordergrund unter Verwendung von kräftigen und warmen Farben, ähnlich dem abgebildeten Foto. Beim Malen der Bäume wird sehr viel Farbe aus dem Schulmalfarbkasten aufgetragen. Dabei ist jedoch zu beachten, dass die Farben möglichst nicht pur aufgetragen werden, sondern immer etwas gemischt, damit das fertige Bild natürlicher aussieht. Maigrün wird aus Gelb und Grün, Mittelgrün aus Ocker und Grün, Dunkelgrün aus Dunkelbraun und Grün gemischt. Alle drei Grüntöne sollten für Fichten, Laub und Gras angewendet werden. Außerdem können noch einzelne Sprenkel und Grashalme in Dunkelblau, Orange und Rot in den Vordergrund gesetzt werden, um diesen zusätzlich zu betonen.

Tipp:

Halten Sie immer ein Stück Küchenrolle bereit, um die Farbmenge am Pinsel vor dem Farbauftrag kontrollieren zu können. Feuchten Sie den Bereich des Himmels vor dem Farbauftrag etwas an, damit sich die Farbe besser verteilt. Für Gras und Sprenkel empfiehlt sich ein stark ausgefranster Pinsel.

Was sind harmonische und disharmonische Farbwirkungen?

Bilder wirken ausgewogener und angenehmer, wenn harmonische oder verwandte Farben verwendet werden. Hierzu können Sie einzelne Beispiele nennen und die Kinder fragen, wie Sie die einzelnen Farbzusammenstellungen empfinden.

Harmonische Zusammenstellungen sind Farbreihen aus z. B. nur orangen und roten Farbtönen, wobei immer das gleiche Rot mal mit mehr oder weniger Gelb und mal mit einem dunkleren Rot vermischt wird.

Als weiteres Beispiel finden Sie hier eine harmonische Farbreihe aus unterschiedlichen Blautönen. Dazu wird immer das gleiche Blau zuerst mit viel Weiß, dann mit weniger Weiß gemischt aufgetragen, danach folgt das Blau ungemischt. Zum Schluss wird das Blau mit einem Dunkelblau gemischt. So entstehen unterschiedliche, aufeinander abgestimmte und harmonische Farbreihen in Blau. Für die Beispiele auf dieser Seite wurden Acrylfarben verwendet.

Beispiele für disharmonische Farbzusammenstellungen sind Lila und Orange, Rot und Pink oder Grün und Blau. Wie die Kombinationen empfunden werden, ist allerdings Geschmackssache, und recht häufig kommen sie zusammen an einem Kleidungsstück vor, was sogar spannend wirken kann.

 Die Kinder sollen entdecken, dass Farben, die im zwölfteiligen Farbkreis direkt nebeneinander liegen, die Kombinationen ausschließlich warmer oder ausschließlich kalter Farben oder die Komplementärfarben, wie z. B. Blau und Orange, zusammen harmonisch wirken, während beispielsweise warme und kalte Farben zusammen in einem Bild nicht so schön aussehen. Es ist jedoch zu beachten, dass sich hieraus keine Regel aufstellen lässt, da es auch immer auf den individuellen Geschmack ankommt. Was die Farbzusammenstellung in der Mode betrifft, konnte es einem vor einigen Jahren noch passieren, dass man, je nachdem was man anhatte, zu hören bekam: „Das kannst Du doch nicht zusammen anziehen!"

Heute ist alles relativ. Es gibt zwar die aktuelle Mode, aber letztendlich entscheidet jeder selbst, was gerade gefällt – künstlerisch wie modisch.

Die Farben nach Jahreszeiten

Im **Frühling** finden sich viele verschiedene frische Grüntöne, wie zum Beispiel das beliebte Maigrün (aus Grün und Gelb) oder intensives Blattgrün (aus Grün und Ocker). Dazu kommen das leuchtende Gelb der Osterglocken und ein leichtes Himmelblau. Dabei ist die Farbenvielfalt der bunten Frühlingsblüher nicht zu vergessen: Schneeglöckchen, Krokusse, Tulpen, Hyazinthen, Magnolien, Forsythien, Primeln usw. Man sagt nicht umsonst: „Überall grünt und blüht es."

Kräftige und klare Farben überwiegen im **Sommer**, wie zum Beispiel Knallrot, leuchtendes Blau, kräftiges Pink und Grün. Die Kinder können sicherlich noch einige Farben aufzählen, die für sie zum Sommer dazugehören. Um kräftige Farben wie in dieser Abbildung zu erhalten, ist es wichtig, zunächst darauf zu achten, dass der Pinsel vor jedem Farbwechsel gut gereinigt wird, damit keine Verunreinigung entsteht. Die Farben sollten nicht gemischt werden, und es wird so viel Farbe wie möglich aufgetragen. Legt man zusätzlich noch zwei bis drei Schichten einer Farbe übereinander, wirkt sie noch intensiver.

Gebrochene Farben finden sich vor allem im **Herbst**. Deshalb werden für diese Palette alle Farben mit etwas Grün, Braun oder Ocker gemischt, um Erd- und Olivtöne zu erhalten. Grün und Dunkelbraun zusammen ergeben Oliv, Grün mit Ocker gemischt ergibt ein schönes Blattgrün, und Orange mit ein wenig Braun ergibt ein rostiges Orange. Jedoch kommen im Herbst auch Orange und Brauntöne vor, die ungemischt aus dem Farbkasten genommen werden können.

Im **Winter** ist es draußen kalt und eisig. Oft liegt Schnee, oder wir finden zugefrorene Bäche, Seen und Pfützen. Frostige Farben wie Mintgrün, kühles Hellblau und Türkis überwiegen zu dieser Jahreszeit. Um diese Farben zu erhalten, werden verschiedene Blau- und Grüntöne aus dem Schulmalfarbkasten mit Deckweiß vermischt. Dadurch entstehen zarte Pastellfarben. Dazu kommen dunkle und triste Farben wie Schwarz, Grau und „schmutzige" Brauntöne. Diese können aus verschiedenen Farben gemischt werden, geeignet sind aber auch schmutzig wirkende Reste aus dem Farbkastendeckel.

Die Grundregeln für das Mischen von Farben

a) Beim Mischen wird mit der hellen Farbe begonnen, dann wird die dunklere Farbe vorsichtig hinzugemischt, wobei ihr Anteil geringer bleiben sollte als der der hellen Farbe.

b) Besser ist es, mit wenig Farbe zu beginnen und nach und nach mehr hinzuzugeben. Nimmt man von vornherein zu viel Farbe, ärgert man sich nachher über den unnötig hohen Farbverbrauch. Dies gilt vor allem für das Mischen mit Acrylfarben.

c) Für ein klares und leuchtendes Ergebnis sollten möglichst reine Farben genutzt werden, vor allem wenn mit Acrylfarben gearbeitet wird. Bei minderwertigen Farben wirkt das Ergebnis besonders für die Kinder enttäuschend. Weisen Sie sie darauf hin, dass es mit den normalen Wasserfarben praktisch unmöglich ist, klare Mischergebnisse zu erhalten. Diese fallen von Farbkasten zu Farbkasten unterschiedlich aus. Das Mischen der verschiedenen Grün-, Braun- und Pastelltöne ist jedoch kein Problem, da es hier nicht auf ein einheitliches Ergebnis aller Kinder ankommt. Die Farben dürfen und werden individuell verschieden aussehen.

d) Der Pinsel sollte zwischen den Farbwechseln immer gut ausgewaschen werden, da die Farben sonst schmutzig werden und ihre Leuchtkraft verlieren.

e) Wird mit Acrylfarben gearbeitet, bietet es sich an, mit einem Spatel zu mischen. Ein Pinsel nimmt viel Farbe auf, wodurch das Mischen erschwert wird und die Farbe beim notwendigen Auswaschen des Pinsels zwischen den Farbwechseln verloren geht. Der Spatel kann aus Holz oder Kunststoff sein (wie z. B. ein Eislöffel).

Das Stempel- und Frottagemosaik

Dieses Einführungsprojekt eignet sich, um Ideen für das Stempeln und die Frottagetechnik zu entwickeln und den Spaß daran zu wecken. Es gibt keine Varianten für kleine oder große Künstler, da sich alle Kinder gleichermaßen auf Entdeckungsreise begeben. Das Ziel ist, so viele Materialien wie möglich zu finden, welche sich zum Stempeln und für die Frottage eignen, um daraus ein tolles, großes, kunterbuntes Mosaik auf einem großen Plakatkarton für den Klassenraum zusammenzustellen. Zur Veranschaulichung finden Sie auf der beiliegenden CD das fertige Musterbild zum Ausdrucken.

Gehen Sie dazu zunächst selbst auf Entdeckungsreise und probieren Sie es aus. Bei diesem Thema fließen nicht nur reine Stempeltechniken mit ein, sondern es darf auch mit Frottage gearbeitet werden – einer Abriebtechnik, mit der interessante Strukturen auf Papier übertragen werden. Schauen Sie sich zum einen nach Dingen um, die Sie den Kindern mitbringen können, und zum anderen nach interessanten Strukturen an Wand- und Bodenbelägen, nach Geweben usw. Als Materialien geeignet sind zum Beispiel Schrauben, Nägel oder ein Zollstock aus der Werkzeugkiste, Messer, Gabel und eine Reibe aus der Küche, Steinchen, Äste, Blätter, ein Lineal, ein Kamm, Holzstücke, Schwämme, Kartoffeln für Kartoffeldruck, Verpackungen oder zusammengeknülltes Papier. Die Liste von Gegenständen lässt sich fast endlos erweitern, da sich praktisch überall Dinge mit Strukturen finden lassen, mit denen man stempeln kann oder die sich durchreiben lassen.

Da Kinder manchmal etwas länger brauchen, um einen Anfang zu finden, sollten Sie bereits einiges an Material und fertig gestalteten Quadraten (siehe Seite 11–12) zusammengestellt haben, um den Kindern die Techniken vorführen zu können. Am Ende soll ein Mosaik entstehen, daher ist es wichtig, bereits im Vorfeld genügend Papp- und Papierquadrate für die Kinder vorzubereiten. Der Einfachheit halber können Sie Zettelblöcke benutzen und bunte Pappquadrate in der gleichen Größe zurechtschneiden.

Die hier aufgezählten Materialien stellen nur Beispiele dar. Sie können sich Ihr eigenes Sortiment je nach Verfügbarkeit zusammenstellen.

Das Material für die Frottage

- Wachsmalstifte
- Buntstifte
- Papierquadrate (z. B. Zettelblocks, 9 × 9 cm)
- Strukturmaterial, z. B. Schlüssel, Münzen, Strukturtapete, gereinigter Metallfilter einer Dunstabzugshaube, Plastikdekozweig, Plastikkristall, aufgeklebte Bruchmosaiksteine, usw.
- Zeitungspapier

Das Material für das Stempeln

- verschiedene Acryl- oder Abtönfarben
- pro Farbe ein Pinsel
- Alufolie oder Pappteller
- Küchenrolle
- Zeitungspapier
- bunte Pappquadrate (9 × 9 cm)
- Material für die Stempel, z. B. Flaschendeckel, zusammengeknüllte Papiertaschentücher, Schwamm, Holzstöckchen, Laub, Blumenschablonen aus Zeichenblockpappe

In der ersten Kunststunde stellen Sie den Kindern das Thema vor und erklären anhand Ihrer zusammengestellten Materialien, wie es funktioniert.

Beim Stempeln drücken Sie verschiedene Gegenstände, wie beispielsweise einen Schwamm, einen Flaschenverschluss, ein paar Blätter, kleine Ästchen oder eine halbe Nussschale in die glattgestrichene Farbe. Stempeln Sie direkt danach mit dem Gegenstand auf Pappe oder Papier.

Bei der Frottagetechnik legen Sie einen Gegenstand, wie beispielsweise eine Münze, einen Kamm oder eine Gabel unter ein Blatt Papier und rubbeln dann mit der Minenseite eines Wachsmalers oder Buntstiftes über die Papierstelle, unter der der jeweilige Gegenstand liegt. Dadurch wird die Struktur auf das Papier übertragen. Diese Technik lässt sich auch an strukturierten Wandflächen, Böden oder Rinden durchführen. Dabei ist Vorsicht geboten: Es darf nicht zu fest gerubbelt werden, da das Papier sonst zu reißen droht.

Nach Ihrer Einführung in die Techniken gehen Sie mit den Kindern gemeinsam auf Entdeckungsreise: im Klassenraum, auf dem Flur und auf dem Schulhof. Dabei dürfen schon erste Versuche in der Frottagetechnik mit Wachsmalern oder Buntstiften auf dem Zettelblock unternommen werden. Außerdem wird bei dieser Entdeckungsreise bereits Material wie z. B. kleine Äste, einzelne Blätter oder Steinchen zusammengetragen. Als Hausaufgabe bekommen die Kinder den Auftrag, zwei bis drei Gegenstände mit Struktur mitzubringen. Dazu zählen Sie einige geeignete Beispiele auf, an denen sie sich orientieren können. Damit ist der Anfang gemacht, und in der nächsten Kunststunde können die Kinder sofort loslegen.

In der folgenden Stunde stellen Sie zwei bis drei Tische in Reihe auf und decken diese mit Zeitungspapier ab. Einer der Tische dient als „Farbtisch". Auf ihm rollen Sie ein bis zwei Bahnen Alufolie aus (oder legen alternativ je ein oder zwei Pappteller pro Farbe aus). Die anderen Tische bleiben frei, damit die Kinder darauf stempeln können. Bei zu langen Wegen besteht die Gefahr, dass die Farbe trocken ist, bevor die Kinder den Stempelvorgang beendet haben. Auf dem Farbtisch verstreichen Sie mit einem Pinsel von jeder Farbe eine haselnussgroße Menge auf eine Fläche von ca. 10 × 10 cm. Verwenden Sie Acryl- oder Abtönfarbe und benutzen Sie pro Farbe einen eigenen Pinsel. Bei Bedarf streichen Sie nach. Legen Sie Küchenrolle dazu, damit sich die Kinder zwischendurch die Hände abwischen können.

Auf ihre eigenen Tische legen die Kinder sich eine Malunterlage (z. B. Zeitungspapier) und halten Bunt- und Wachsmalstifte bereit. Dann holen sie sich verschiedene Pappquadrate, bearbeiten einige davon mit der in der letzten Kunststunde erlernten Frottagetechnik, und bestempeln andere mit den zusammengetragenen Gegenständen und der Farbe. Die unterschiedlich gestalteten Quadrate werden nach Fertigstellung alle aneinander auf den großen Plakatkarton geklebt. So entsteht ein wundervolles buntes Kunstwerk für den Klassenraum.

Tipp:
Werden Quadrate, die sich gleichen, an verschiedenen Stellen platziert, wirkt das Mosaik später ausgewogener.

Die Grundmaterialien

Zu jedem Kunstprojekt finden Sie jeweils eine Seite mit themenspezifischen Materialangaben und manchmal auch eine zusätzliche Materialliste zur Stempelherstellung.

Tipp:
Ergänzen Sie die Vorgaben mit ihren eigenen Ideen.

Die nachfolgenden Materialangaben gelten als Grundausstattung und werden deshalb nicht bei jedem Thema einzeln aufgeführt.

Sie müssen also immer bereitgestellt werden.

Bei fast allen Anleitungen finden sich Hinweise zu den drei Niveaustufen:

 Für kleine Künstler: Die kreativ schwächeren Kinder arbeiten in der Regel mit weniger und einfacher handhabbarem Material, zum Beispiel mit nur den jeweils aufgeführten Farben.

 Für alle Künstler: Die bei allen Motiven beschriebene Vorgehensweise entspricht der Grundvariante und wird nicht extra hervorgehoben. Sie ist von den meisten Kindern der 3. und 4. Klasse umsetzbar und wird für jedes Motiv anhand von Schritt-für-Schritt-Anleitungen erklärt.

 Für große Künstler: Die kreativ stärkeren Kinder arbeiten immer mit allen angegebenen Materialien und werden zu zusätzlichen Arbeitsschritten und zur Verwendung weiterer Materialien angehalten. Außerdem sollten sie sich ihre Motive weitestgehend selbst erarbeiten und möglichst keine Schablonen dafür verwenden.

- Als Malunterlagen eignen sich Platzsets aus Kunststoff, die im Einzelhandel günstig zu bekommen sind, ebenso wie Tischdecken aus Kunststoff, die Sie zuschneiden können. Sie können auch bunte Zettel laminieren oder Papprückseiten von Zeichenblöcken oder einfach Zeitungen auslegen. Die Unterlagen sollten etwas größer als DIN-A4-Blätter sein.

> **Tipp:**
> Verwenden Sie einen Blumensprüher, um die Wasserfarben der Kinder einzusprühen und so anzulösen, bevor die Kinder mit dem Gestalten beginnen. Weiterhin kann er zum Einsatz kommen, wenn Sie Acrylfarben bereits verteilt haben und ein Antrocknen vermeiden möchten. Sprühen Sie dazu einfach die Farben leicht ein.

- Wasserbecher mit Wasser
- Küchenrolle zum Abwischen der Hände sowie zum Trocknen von Pinseln und Schwämmchen
- Zeichenblöcke in DIN A4
  (außer bei den Projekten „Der Möwenflug", „Das Blätter-Paarspiel" und „Eiskristalle")
- Wasserfarben
  (außer bei den Projekten „Das Blätter-Paarspiel", „Winterbilder" und „Eiskristalle")

Beim Einstiegsprojekt „Das Stempel- und Frottagemosaik" gelten diese Materialangaben nicht. Dort gibt es auch keine unterschiedlichen Niveaustufen, da das Thema auch für jüngere Kinder bestens geeignet und für alle gleichermaßen mit nur wenig Material durchführbar ist.

Frühlingsgeflüster

Nach einem langen Winter freuen wir uns alle auf den Frühling. Es tut gut zu spüren, dass die Sonnenstrahlen immer wärmer werden. Wir beobachten die Rückkehr der Zugvögel und erfreuen uns an den bunten Frühlingsblumen, die nach und nach anfangen zu blühen. Zuerst sind die Schneeglöckchen da, dann kommen Krokusse und Osterglocken hinzu. Es ist ein langsames, aber farbenfrohes Erwachen der Natur. Die Bäume schlagen aus, die Wiesen werden wieder saftig grün, und es riecht überall nach Frühling.

Da im Frühling, gerade was die Vielfalt der Blumen angeht, viele bunte Farben aufeinandertreffen, eignet sich diese Jahreszeit, um das Thema „Was sind harmonische und disharmonische Farbwirkungen?" (Seite 7–8) aufzugreifen. In den Blumenläden sehen jeder Strauß und jedes Arrangement einfach toll aus. Je größer die Auswahl, desto schwerer fällt uns die Entscheidung. So ist es auch mit den Farben im Farbkasten. Wenn die Kinder im Folgenden die Aufgabe gestellt bekommen, eine schöne bunte Blumenwiese zu malen, ist das ein oder andere damit überfordert. Deshalb ist es hilfreich, zuerst die Farbwirkungen zu erklären, damit die Kinder nachher nicht von ihren Bildern enttäuscht sind. Denn sie wollen auf jeden Fall ein tolles, leuchtendes und buntes Bild malen.

Dazu können Sie zunächst gemeinsam überlegen, welche Blumen im Frühling blühen und welche Farben diese haben. Dann schauen Sie, welche davon gut und welche weniger gut zusammenpassen. Um das Ganze zu verdeutlichen, schreiben Sie die Blumennamen an die Tafel und kleben jeweils die passende, auf ein weißes Pappstück gemalte Farbe mit Klebestreifen daneben. Es empfiehlt sich, mehrere Karten pro Farbe vorzubereiten. Verwenden können Sie dazu Wasserfarben, mit denen auch die Kinder später ihre Bilder malen werden. Alternativ zu den Pappstücken können Sie die Blätter eines Zettelblocks verwenden. So können Sie die Farben immer wieder neu an der Tafel gruppieren. Am Ende sollten dort zwei bis drei Farbzusammenstellungen stehen, von denen sich jedes Kind eine zum Malen heraussuchen kann.

Aufgrund der schönen bunten Frühlingsfarben eignen sich die beiden folgenden Projekte „Margeritenwiese" und „Fliegende Schirmchen" besonders für die Durchführung im Frühling. Lassen Sie sich von der tollen Blumenvielfalt inspirieren und entwickeln Sie noch weitere farbenfrohe Bilder, welche Sie den Kindern zusätzlich zeigen können.

Mit diesen Farben lassen Sie die Kinder nun eine Blumenwiese malen. Danach gehen Sie entweder anhand der Bilder der Kinder oder anhand der folgenden Abbildungen erneut auf das Thema ein:

Harmonische Farbwirkungen werden zum Beispiel durch die Verwendung von ausschließlich kalten Farben erreicht, wie im Bild rechts, das lila Krokusse auf einer grünen Wiese zeigt.

Diese Wirkung kann aber auch durch die Kombination ausschließlich warmer Farben erzeugt werden, wie Gelb, Orange und Rot auf dem Bild links, oder von Komplementärfarben, wie Blau und Orange, oder durch die Verwendung verschiedener Mischungen einer einzigen Farbe. Letztendlich entscheidet aber jedes Kind selbst, was es als schön und harmonisch empfindet, denn die Geschmäcker sind bekannterweise verschieden.

Rechts auf dem Bild sehen Sie ein Negativbeispiel, eine „Disharmonie". So wenig passen kalte Farben wie Lila und Pink und warme Farben wie Rot und Orange zusammen. Nimmt man jedoch ein knalliges, kaltes Pink und dazu ein leuchtendes, warmes Rot, kann dadurch eine Spannung im Bild erzeugt werden, die durchaus positiv wirken kann. Hier reicht es jedoch aus, den Kindern anhand von Beispielfotos die Farbwirkungen zu erklären. Natürlich können Sie sich noch weitere Beispiele überlegen und mit der Klasse weiter experimentieren.

Ansonsten sind die Kinder jetzt fit für die ersten Stempelbilder. Hier sehen Sie Beispiele für Stempel, welche aus Haushaltsschwämmen für die Bilder dieser Seite hergestellt wurden.

Die Margeritenwiese

Das Material

Material für alle Künstler (Grundvariante)
- Grundmaterial siehe Seite 13–14
- 1 Plastikschale o. Ä.
- 1 Klebestift
- 1 Borstenpinsel
- Heu
- gelbe oder bunte Haushaltsschwämme
- 1 dunkler Permanentmarker oder Filzstift
- 1 Schere
- Zeitungspapier
- dunkel- und hellgrüne, gelbe, orange und weiße Acrylfarbe
- Holzstäbchen und/oder Schaschlikspieße
- Alufolie
- 1 Butterbrottüte

Material für kleine Künstler (vereinfachte Variante)
- Grundmaterial siehe Seite 13–14, allerdings nur je 2 unterschiedlich blaue und grüne Wasserfarben
- Material für alle Künstler (Grundvariante)

Tipp:

Das Heu zum Stempeln für den Hintergrund der Margeritenwiese bekommen Sie im Zoobedarf oder in Baumärkten und Drogerien mit entsprechender Abteilung. Eine kleine Packung genügt schon für eine ganze Schulklasse, weil jedes Kind immer nur eine Handvoll benötigt. Alternativ können Sie die Kinder fragen, wer zu Hause Kaninchen hat und Heu mitbringen kann.

Die Anleitung

Die Margeritenwiese eignet sich sehr gut als Frühlingsthema, kann aber auch später im Jahr mit den Kindern gestaltet werden, da Margeriten von Mai bis Oktober blühen. Zu Beginn können Sie ein paar interessante Dinge über Margeriten erzählen und dabei Fotos zeigen (die Naturfotografie finden Sie auch auf der beiliegenden CD). Margeriten sind bei uns heimische Blumen. Sie gehören zu den Korbblütlern (Asterngewächsen). Die Bezeichnung kommt daher, dass die Blütenblätter körbchenförmig angeordnet sind. Die Korbblütler sind über ganz Europa verbreitet und zählen dort zu den artenreichsten Pflanzenfamilien. Es gibt etwa 24.000 verschiedene Arten, und ihre Farbenvielfalt ist unübertroffen. Margeriten sind typische Wiesenblumen und sehen aus wie große Gänseblümchen. Die auffälligen Blütenköpfchen können einen Durchmesser von vier bis sechs Zentimetern haben und bestehen aus weißen, sich überlappenden Zungenblüten und goldgelben Röhrenblüten in der Mitte. Sie blühen von Mai bis September und werden ca. 30 bis 60 cm groß. Meistens findet man sie auf Wiesen, an Wegrändern und in Gärten.

Spätestens nachdem Sie die Fotos gezeigt haben, wissen die Kinder, um welche Blume es sich handelt und können Ihnen auch sagen, wo sie diese schon gesehen haben. Um die Kinder zu inspirieren, wenn sie die Stempel herstellen und mit ihnen die Blüten gestalten, können Sie einen Strauß Margeriten mitbringen und aufzustellen. Sind jedoch Allergiker dabei, müssen Fotos ausreichen. Bevor es mit der Stempelherstellung losgeht, halten Sie für jedes Kind eine beschriftete Butterbrottüte bereit, in welcher später die fertigen Stempel ohne Verwechslungsgefahr aufbewahrt werden können. Bereiten Sie die Stempel für die kleinen Künstler vollständig vor (siehe Punkt 6 der Anleitung Seite 21) und legen diese jeweils in die beschriftete Tüte.

Tipp:
Während alle anderen Kinder mit der Stempelvorbereitung beschäftigt sind, geben Sie den kleinen Künstlern die Aufgabe, bereits mit Buntstiften eine Margeritenwiese zu malen.

1. Als erstes wird der Arbeitsplatz mit einer Malunterlage, Wasser, einem Borstenpinsel, einem Zeichenblockblatt, Wasserfarben und evtl. einem Plastikschälchen vorbereitet. Für den Hintergrund der Margeritenwiese werden verschieden blaue und grüne Wasserfarben benötigt. Die Kinder können die Farbnäpfchen aus dem Farbkasten entnehmen und mit viel Wasser und dem Pinsel rühren, bis sie Blasen werfen, und diese dann sofort, wie im nächsten Schritt beschrieben, verwenden. Alternativ kann die Farbe auch mit viel Wasser und dem Pinsel gelöst und in ein Schälchen getropft werden. Dies dauert allerdings länger.

Tipp:
Gehen Sie mit einem mit Wasser gefüllten Blumensprüher durch die Klasse und sprühen Sie die Wasserfarben der Kinder ein, damit sich diese schneller lösen und besser einsetzbar sind.

2. Danach wird etwas Heu genommen und zu einer Art „Kugel" geformt. Diese Kugel wird immer wieder in die Farbe bzw. in die schaumig gerührten Farbnäpfchen getunkt und auf das Blatt getupft. Die Wasserfarben müssen dazu zwischendurch immer wieder neu gerührt werden, da sie recht schnell trocknen. Die Kinder tragen nun nach Lust und Laune abwechselnd verschiedene Blau- und Grüntöne auf, bis das ganze Blatt einigermaßen bedeckt ist. Dabei dürfen ruhig einzelne weiße Flächen bleiben – diese beleben später das fertige Bild!

3. Jedes Blatt sieht nachher individuell aus, da sich Farbtöne, Farb- und Wassermengen unterscheiden. Wichtig ist allerdings, dass die Seiten überwiegend eingefärbt sind und nicht – wie auf dem Bild links – viele weiße Stellen aufweisen, da sich ansonsten später die weißen Blüten der Margeriten nicht ausreichend abheben.

4. Die Heureste fallen meistens nach dem Trocknen automatisch ab oder können einfach abgestreift werden.

5. Bevor es mit dem Stempeln weitergeht, muss das Blatt vollständig durchgetrocknet sein und zur Verstärkung mittels Klebestift auf ein zweites Zeichenblockblatt geklebt werden, sonst wellt es sich später beim Stempeln zu stark.

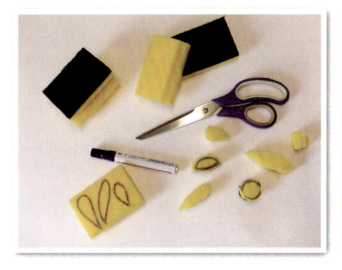 

6. Für die Stempelherstellung bereiten Sie zunächst die Materialien und ggf. die Stempelformen vor:

🌟 Für **kleine Künstler** schneiden Sie die Stempel, die für das Bild benötigt werden, fertig zurecht. Halbieren Sie gelbe Schwämme so, dass sie dünner werden (siehe oben links), oder verwenden Sie gleich die dünneren bunten Schwämme (siehe Mitte links). Zeichnen Sie die Formen für längliche Blütenblätter und für die runde Blütenmitte mit einem dunklen Filzstift vor und schneiden Sie sie aus. Als Grasstempel genügt ein Schaschlikspieß.

🖌 Für **alle Künstler** bereiten Sie die Schwämme so vor, dass nur die Formen aufgezeichnet sind. Verwenden Sie wie abgebildet verschiedene Blattformen und zusätzlich halbrunde Formen für die Blütenmitte. Dann können die Kinder die Stempel mit der Schere selbst ausschneiden.

🎨 Für **große Künstler** halten Sie lediglich die Schwämme bereit und zeigen anhand eines Beispiels, wie es gemacht wird. Die Kinder können dann die Blütenformen selbst aufzeichnen und ausschneiden. Erklären sie ihnen auch, dass die Bilder natürlicher wirken, wenn unterschiedliche Blütenformen zum Stempeln verwendet werden. In der Natur sehen ja auch nicht alle Blütenblätter genau gleich aus. Hat jedes Kind alle benötigten Stempel beisammen, kann es losgehen.

7. Um einen guten Farbkontrast zu erreichen, wird ab jetzt mit Acrylfarbe weitergearbeitet. Dazu ist es wichtig, zunächst die Tische mit Zeitungspapier abzudecken. Dann bereiten alle Kinder ihre Arbeitsplätze vor, indem sie sich das eingefärbte und mit einem Blatt verstärkte Bild mit der Wiese zurechtlegen. Dazu kommen die vorbereiteten Stempel, ein Holzstäbchen und/oder ein Schaschlikspieß und ein Stück Alufolie. Darauf geben Sie dunkelgrüne Farbe und ziehen diese dabei ein wenig in die Länge, was mit dem Borstenpinsel erledigt werden kann.

8. Nun werden mit dem Holzstäbchen dickere Gräser und Blumenstiele aufgestempelt. Dazu wird es zuerst in die dunkelgrüne Acrylfarbe gedrückt. Damit nicht zu viel Farbe beim Stempeln auf das Blatt kommt und sich die Farbe besser am Stäbchen verteilt, wird dieses zuerst auf eine freie Stelle der Alufolie gedrückt und dann auf das Blatt.

Auf dem Bild in der Mitte wurde nur mit Schaschlikspießen gearbeitet.

9. Sind einige Gräser und Blumenstiele auf dem Blatt entstanden, wird der gleiche Schritt wiederholt, diesmal allerdings mit hellgrüner Farbe, die sparsamer als zuvor verwendet wird. Es sollte darauf geachtet werden, dass dabei auf die bereits vorhandenen Gräser und Stiele gestempelt wird. Auf diese Weise bekommen sie Lichtflecken und wirken plastischer (siehe unten links).

 Für **kleine Künstler** entfällt dieser Arbeitsschritt.

10. Geben Sie auf ein Stück Alufolie nebeneinander gelbe und orange Acrylfarbe. Die jeweils rauen Seiten der runden und (für die seitliche Ansicht) halbrunden Schwämmchen dienen nun als Stempel für die Blütenmitte. Wichtig ist, dass für diesen Schritt möglichst viel Farbe auf das Blatt gelangt. Durch mehrmaliges Stempeln an eine Stelle wird zudem die Blütenmitte vergrößert. Insgesamt sollen mal große oder kleine, mal runde oder halbrunde Formen entstehen.

Tipp:
Dadurch dass sich beide Farben beieinander auf der Folie befinden, erfolgt der Farbauftrag gleichzeitig in Orange und Gelb. Achten Sie darauf, dass etwas mehr gelbe als orange Farbe auf die Folie gegeben wird.

Tipp:
Will man ganz sicher gehen, dass keine blaue Wasserfarbe durch die Blütenmitte hindurchschimmert, kann diese zunächst mit Weiß grundiert werden, bevor der gelb-orange Farbauftrag erfolgt. Die weiße Farbe muss dazu vollständig getrocknet sein.

11. Als Nächstes tragen die Kinder weiße Acrylfarbe mit den verschiedenen Blütenblatt-Schwämmchen um die gelb-orangenen Blütenmitten herum auf.

Weitere Bildvarianten zum Thema „Die Margeritenwiese"

Anhand der Beispiele auf dieser Seite sehen Sie, wie individuell verschieden Kinder ihre Arbeiten gestalten können. Dabei wirkt jedes Bild für sich auf seine eigene Art.

1. Variante mit sich überlappenden Margeriten:

Auf diesem Bild befinden sich sehr viele Margeriten und überlappen sich dabei. Das verleiht dem Bild viel Authentizität, weil es sich in der Natur ganz ähnlich verhält. Es vermittelt den Eindruck eines Blütenmeeres.

2. Variante aus der Froschperspektive:

Das Bild zeigt eine Seitenansicht der Margeriten, welche sich uns in der Natur bietet, wenn wir uns in die Froschperspektive begeben.

3. Variante mit räumlicher Farbwirkung:

Auf diesem Bild wurde mit viel Farbe gearbeitet, und diese wurde um die Blütenmitte herum leicht verwischt. Dadurch entsteht ein Eindruck räumlicher Tiefe, der die weißen Blütenblätter hervortreten lässt, was viel Natürlichkeit mit sich bringt. Zusätzlich hat das Kind für die vorderen Blüten mehr Farbe und für die hinteren weniger Farbe verwendet, um einen räumlichen Eindruck im gesamten Bild zu vermitteln.

4. Variante mit lockerem Farbauftrag:

Auch dieses Kunstwerk hat seine ganz eigene Wirkung. Durch den lockeren Farbauftrag wirkt die Margeritenwiese wie das Werk eines großen Künstlers.

Fliegende Schirmchen

Das Material

Material für alle Künstler (Grundvariante)
- Grundmaterial siehe Seite 13–14
- 1 stabiles Plastikstück, auf 3 × 8 cm zurechtgeschnitten, z. B. aus leeren Verpackungen oder alten Plastikkarten, oder 1 Plastikspatel bzw. Eislöffel
- 1 Stück gleichmäßig bedrucktes Zeitungspapier (z. B. aus den Rubriken „Veranstaltungen" oder „Kleinanzeigen"), etwas größer als DIN A4, am besten bereits im Vorfeld für jedes Kind passend zurechtgeschnitten
- 1 Klebestift
- 1 Klecks pastöse weiße Acrylfarbe
- 1 Stück Alufolie oder Plastikdeckel für die Acrylfarbe
- 1 feiner weißer Lackstift oder 1 feiner Pinsel
- Glitzersteine oder Pailletten
- 1 gevierteltes Haushaltsschwämmchen (die raue Seite wird abgeschnitten)

Material für kleine Künstler (vereinfachte Variante)
- Grundmaterial siehe Seite 13–14, allerdings nur die Wasserfarben Blau, Grün und Lila oder Orange, Gelb und Rot
- Material für alle Künstler (Grundvariante)

Die Anleitung

Löwenzahn ist eine sehr weit verbreitete Pflanze. Er ist ein Wildkraut und wächst somit fast überall: an Wegrändern, auf Wiesen, in Gärten und auf Feldern. Sogar in Mauerritzen, in denen sich ein wenig Erde angesammelt hat, kann Löwenzahn Wurzeln fassen. Ebenso wie die Margeriten gehört er zur Familie der Korbblütler. Löwenzahn blüht hauptsächlich von April bis Mai, ist aber hier und da bis in den Herbst hinein zu sehen. Die schönen gelben Blüten öffnen sich morgens und schließen sich bei Regen, bei großer Hitze und abends, ähnlich wie beim Gänseblümchen. Nach dem Verblühen öffnen sich die Hüllblätter der Blüte wieder, und die „Pusteblume" mit den vielen kleinen braunen Samen samt ihren Flugschirmchen kommt zum Vorschein. Diese werden vom Wind „weggepustet" und dort, wo sie landen, wächst ein neues Pflänzchen. Fragen Sie die Kinder, was sie über Löwenzahn wissen und ergänzen Sie das Zusammengetragene um die hier angeführten Informationen. Zur Einstimmung können Sie etwas Löwenzahn in einem Wasserglas in die Klasse stellen. Seien Sie jedoch vorsichtig, denn die Löwenzahnmilch kann bei manchen Kindern allergische Reaktionen auslösen.

Für die Hintergrundgestaltung kommt die Farblehre besonders zum Tragen (mehr als bei der Margeritenwiese). Hier sollten möglichst nur harmonische Farben, d. h. entweder warme oder kalte, oder Farbreihen verwendet werden. Rot und Pink etwa würden das Hauptaugenmerk von den Schirmchen nehmen. Auch andere, ähnlich auffällige oder kontrastreiche Farbzusammenstellungen sind nicht zuträglich. Deshalb sollten nur Kombinationen harmonischer Farben wie warme Gelb-, Orange- bis Rottöne oder kalte Farben wie verschiedene Blautöne oder eine Zusammenstellung von Blau, Lila und Grün verwendet werden.

Zeigen Sie den Kindern dazu die hier abgebildeten und evtl. selbst angefertigte Beispielbilder und schneiden Sie kurz das Thema „Was sind harmonische und disharmonische Farbwirkungen?" (siehe Seite 7–8) an. Danach kann sich jedes Kind drei passende Farben aus dem Farbkasten herausnehmen und bereitlegen. Während sich die Kinder ihre weiteren Arbeitsmaterialien zusammensuchen, können Sie kontrollieren, ob alle Farbzusammenstellungen harmonisch ausgewählt sind und diese ggf. korrigieren. Die kleinen Künstler dürfen sich zwischen den Kombinationen Blau, Grün und Lila und Orange, Gelb und Rot entscheiden.

1. Das Zeitungsstück (etwas größer als ein A4-Blatt und möglichst gleichmäßig bedruckt) wird kräftig mit den drei Wasserfarben bestempelt. Dabei wird mit einem leicht befeuchteten Schwamm und viel Farbe gearbeitet. Am Ende soll von jeder Farbe noch etwas zu sehen ist.

Die Zeitung hat erstens den Vorteil, dass sie mehr Farbe aufnimmt als ein Zeichenblockblatt, und zweitens wirkt die Farbe am Ende durch die gleichmäßige schwarze Beschriftung tiefer und bildet somit einen stärkeren Kontrast zu den filigranen weißen Schirmchen.

2. Nach dem Trocknen wird das Zeitungsblatt auf ein Zeichenblockblatt und zusätzlich auf der Rückseite verklebt.

Bei diesem Schritt benötigen **kleine Künstler** eventuell etwas Hilfe, die Kinder können sich aber auch gegenseitig unterstützen.

3. Nun werden mit dem Plastikstreifen die Schirmchen gestempelt. Für diesen Schritt wird zunächst ein Klecks pastöse weiße Acrylfarbe auf ein Stück Alufolie oder einen Plastikdeckel gegeben. Dann wird der Streifen nur ein wenig in die weiße Farbe getunkt, so dass an seiner Kante eine geringe Menge Weiß bleibt. Nun können zwei bis drei Striche gesetzt werden, bevor wieder neue Farbe aufgenommen werden muss. Beim Stempeln wird der Streifen ganz senkrecht zum Papier gehalten. Es ist sehr wichtig, dass Sie den Kindern diesen Arbeitsschritt zur Verdeutlichung vorführen. Wird zu viel Farbe verwendet, können die gedruckten Striche zu dick werden. Dann muss der Streifen mit Küchenrolle gereinigt werden. Die Stiele der Schirmchen sollen ca. 6 cm lang sein. Man sollte immer zweimal hintereinander stempeln, so dass ein langer Strich entsteht. Der Plastikstreifen darf dabei nicht über das Papier gezogen werden, sondern muss neu aufgesetzt werden. Die Köpfe der Schirmchen sollen aus mehreren ca. 3 cm langen Strichen bestehen, dies entspricht der kurzen Kante des Plastikstreifens.

Tipp:
Es sollte auf eine ungleichmäßige Verteilung und gleichzeitig auf die Konzentration der Schirmchen auf eine Stelle des Bildes geachtet werden. So wird der optische Effekt des Davonfliegens verstärkt.

Tipp:
Gitzersteinchen und Pailletten können gut zum Kaschieren benutzt werden, wenn sich die Linien bei dem ein oder anderen Schirmchen nicht genau in einem Punkt treffen. Aber es geht auch ohne Dekoration. Wenn möglich kann zum Schluss noch jedes Kind sein Bild in einer hellen Farbe signieren (z. B. mit einem feinen Pinsel und weißer Acrylfarbe oder mit einem feinen weißen Lackstift).

Sommerwind

Die Farben des Sommers sind bunt, kräftig, knallig und intensiv, einfach zum Genießen. In den Gärten und in den Kübeln blühen Geranien, Dahlien, Rosen, Mohn, Gladiolen und Tagetes, um nur einige wenige Blumen zu nennen. Dazu kommen die verschiedenen Obstsorten, wie zum Beispiel Erdbeeren, Johannisbeeren und Kirschen. In den Gärtnereien und Pflanzenhöfen bietet sich einem eine faszinierende Farbenvielfalt. Draußen ist es warm und sonnig, der Himmel ist tiefblau, und die Bäume sind herrlich grün. Eine leichte Sommerbrise streift durch die Baumwipfel, und die Vögel zwitschern fröhlich ihr Lied.

Wer bei Wanderungen durch die Natur genau hinschaut, kann auch die räumliche Wirkung der Farben beobachten: Das Gras, auf dem man gerade steht, ist sehr deutlich zu erkennen, man sieht jeden einzelnen Grashalm und eventuell auch einen Käfer, der sich gerade seinen Weg durch die Halme sucht. Die Farben wirken klar und kräftig. Etwas weiter weg sehen wir nur noch grobe Strukturen und Umrisse, aber keinesfalls mehr jede kleine Einzelheit. In der Ferne sind alle Farben deutlich blasser, und wir nehmen lediglich noch die Hügelketten wahr, können vielleicht erahnen, dass dort Bäume stehen. Und noch weiter entfernt verschwindet der Horizont je nach Wetterlage oft im Dunst, wie es zum Beispiel von Aussichtstürmen aus zu sehen ist. Beim Bild „Lustige Hummel" wird der Schwerpunkt auf das gelegt, was wir in direkter Nähe beobachten können. Das Projekt „Der Möwenflug" ermöglicht es, die Tiefenwirkung im Bild so umzusetzen, wie sie beim Farblehre-Thema „Die Räumliche Wirkung der Farben" (siehe Seite 6–7) beschrieben ist. Besonders die großen Künstler können bei der Gestaltung der Wasserfläche den entfernteren, mittleren und vorderen Bereich unterschiedlich ausarbeiten. Die Möwe rückt aufgrund ihrer formatfüllenden Größe und der deutlich erkennbaren Einzelheiten automatisch in den Vordergrund.

Planen Sie für die beiden Stempelprojekte des Sommers mehrere Wochen ein, da die Bilder in mehreren Schichten erarbeitet werden. Außerdem werden verschiedenen Stempel benötigt und nach jedem Stempelvorgang müssen die Farben zunächst trocknen, bevor es weitergeht. All das benötigt zusätzliche Zeit.

Lustige Hummel

Das Material

Material für alle Künstler (Grundvariante)
- Grundmaterial siehe Seite 13–14
- ein wenig rote Acrylfarbe
- 1 Klebestift
- Acrylfarben in Weiß, Maigrün, Gelb, Schwarz, ein wenig Orange
- Alufolie
- ggf. Bunt-, Filz- und Wachsmalstifte
- ggf. 1 alte Zahnbürste, bei der die Hälfte der Borsten mit einem Cuttermesser entfernt wurde, oder 1 ausgefranster Borstenpinsel

Material für kleine Künstler (vereinfachte Variante)
- Grundmaterial siehe Seite 13–14, allerdings nur eine grüne und zwei blaue Wasserfarben
- Material für alle Künstler (Grundvariante)

Material für große Künstler (Erweiterungsvariante)
- Grundmaterial siehe Seite 13–14
- Material für alle Künstler (Grundvariante)
- 2 dunkle Knöpfe
- Silberglitzer und bunte Miniperlen
- 1 schwarzer Fineliner
- Schwämmchen
- 1 kleines Reststück einer Gardine
- 1 Plastikstück

Weitere Materialien zum Stempeln

- mit einem kleinen Stück altem Frotteehandtuch bespannter Korken

- 1 Flachdübel aus dem Holzfachhandel, an den als Griff zur besseren Handhabung ein Korken oder Holzdübel geleimt wird
- 1 Holzdübel für die Fühler

- kleine Plastikdeckel von Flaschen, Klebestiften o. Ä.
- oval zurechtgeschnittene Stücke von einem Jutesack oder -band (ca. 5 × 10 cm)
- 2 Kirschlorbeerblätter (max. 7 × 12 cm) oder andere Blätter, die rund, leicht oval und groß sind, wie z. B. Apfel- oder Kirschbaumblätter; alternativ auf die entsprechende Form geschnittenes dickeres Papier oder Alufolie

Vorsicht: Da Kirschlorbeerblätter in größeren Mengen verzehrt, giftig sind, geben Sie nur ein Blatt zwei Kindern zusammen und weisen Sie darauf hin, dass die Blätter nicht in den Mund genommen werden dürfen. Sammeln Sie nach dem Stempeln alle Blätter wieder ein.

Die Anleitung

Hummeln sind friedliche Insekten, denn sie stechen nur, um ihr Nest zu verteidigen. Es gibt in Deutschland ungefähr 30 verschiedene Hummelarten, wie zum Beispiel Wald-, Stein- und Erdhummeln. Ein Hummelvolk kann aus bis zu 600 Tieren bestehen. Im Frühling verlassen die Königinnen, die in Erdlöchern überwintert haben, ihren Unterschlupf, um einen neuen Hummelstaat zu gründen. Der alte Staat stirbt jeweils im Herbst bis auf die jungen Königinnen ab.

Mit ihren langen Saugrüsseln können Hummeln auch aus sehr tiefen Blüten Nektar saugen. Dabei bleiben die Blütenpollen an ihrem Pelz hängen, werden mit den Beinen nach hinten gestreift und dort in kleinen Körbchen an den Hinterbeinen gesammelt. Vielleicht haben Sie in Ihrer Schulbücherei ein Sachbuch zum Thema „Hummeln" und können den Kindern daraus einiges erklären. Interessant ist auch immer ein Besuch der Klasse beim Imker, wenngleich es bei diesem Thema nicht um Bienen, sondern um Hummeln geht.

In der ersten Kunststunde zum Thema „Lustige Hummel" empfiehlt es sich, mit den Kindern zunächst die Stempel herzustellen und die nötigen Materialien zusammenzustellen, damit alles vorbereitet ist, wenn es richtig losgehen soll. Wichtig bei diesem Bild ist außerdem, dass Sie die einzelnen Schritte während der Durchführung anhand eines eigenen Bilds zwischendurch immer wieder erklären, so dass die Kinder sehen können, mit welchem Stempel und welcher Farbe an welcher Stelle gearbeitet wird.

Das Projekt ist besonders gut geeignet, um das Thema „Was sind Komplementärfarben" (siehe Seite 6) einzuflechten. Erklären Sie den Kindern, dass sich im Farbkreis bestimmte Farben gegenüberliegen, welche einen deutlichen Kontrast zueinander bilden und sich somit gegenseitig in ihrer Leuchtkraft verstärken. Bei der lustigen Hummel sind es die Komplementärfarben Blau und Orange, welche dem Bild den letzten Schliff geben. Das ist im direkten Vergleich gut zu sehen.

1. Die Kinder bestempeln das Zeichenblockblatt mit dem mit Frottee umhüllten Korken mit blauer und grüner Wasserfarbe so lange, bis keine weißen Lücken mehr übrig sind.

2. Das Blatt wird getrocknet und zum Stabilisieren mit Klebestift auf ein weiteres Blatt aufgeklebt. Ohne diese Verstärkung kann es beim Auftragen der Acrylfarben reißen. Alternativ kann von vornherein ein dickeres Blatt verwendet werden.

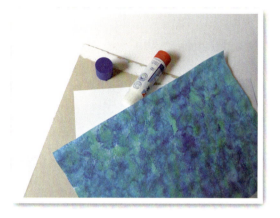

3. Für den nächsten Schritt wird ein wenig weiße Acrylfarbe auf ein Stück Folie gestrichen. Mit den Flaschendeckeln und der Acrylfarbe werden nun die Blüten gestempelt. Es können einzelne kleine Punkte gesetzt werden, aber auch größere zusammenhängende. Dabei ist darauf zu achten, dass nur die untere Hälfte bzw. nur das untere Drittel des Blatts bestempelt wird, sonst geht die Hummel später in den Blüten unter. Es sollten Lücken zwischen den Blütenblättern gelassen werden, so dass der Untergrund stellenweise sichtbar bleibt.

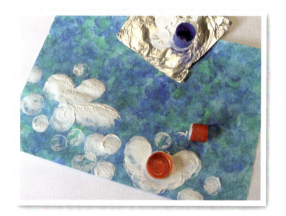

4. Mit den Blättern wird der ovale Körper der Hummel gestempelt. Die weiße Acrylfarbe wird z. B. mit einem Flachdübel vorher auf einem Stück Alufolie ein wenig auseinandergezogen, dann wird das Blatt gleichmäßig in die Farbe gedrückt. Am Stiel wird es hochgezogen, von der Alufolie gelöst und vorsichtig leicht diagonal über den Blüten auf dem Bild platziert und angedrückt. Danach muss das Blatt sofort wieder entfernt werden, sonst trocknet es auf dem Bild an.

Tipp:

Die weiße Acrylfarbe sollte etwas dicker aufgetragen werden, damit der Untergrund nicht durchschimmert. Dadurch benötigt sie allerdings länger zum Trocknen. Sollte nach diesem Arbeitsgang noch Zeit übrig sein, können die Kinder versuchen, die Hummel nach der Naturfotografie (auf der beiliegenden CD) mit Bunt- und Filzstiften und ggf. Wachsmalern so naturgetreu wie möglich abzumalen. Dabei wird mit den Buntstiften vorgemalt, mit den Filzstiften wird die Hummel in kräftigem Gelb gefärbt, und die schwarzen Streifen können mit Wachsmalern gemalt werden.

5. Als Vorbereitung für die nächsten Schritte geben Sie grüne und gelbe Acrylfarbe auf Alufolienstücke und verteilen diese – immer ein Stück für zwei Kinder.

Vorsicht: Acrylfarbe trocknet schnell – geben Sie sie deshalb erst unmittelbar vor Arbeitsbeginn aus.

6. Mit dem Flachdübel werden für die Blumen grüne Blätter an den unteren Seitenrand gestempelt. Dabei ist darauf zu achten, dass die oberen Blütenblätter frei bleiben.

7. Mit den Flaschendeckeln können nochmals einige kleine weiße Blüten auf das Grün gestempelt werden, vor allem wenn von Letzterem zu viel aufgetragen wurde.

8. Nun folgt der Körper der Hummel. Dazu wird ein Blatt in gelbe Acrylfarbe, die zuvor auf der Alufolie leicht verteilt wurde, gedrückt und anschließend auf dem Bild platziert und angedrückt. Wieder muss das Blatt danach sofort abzogen werden, damit es nicht haften bleibt.

9. Nachdem die gelbe Farbe getrocknet ist, werden die schwarzen Streifen der Hummel entweder mit der zurechtgestutzten Zahnbürste oder mit dem ausgefransten Borstenpinsel auf den gelben Körper getupft. Mit dem Holzdübel werden die Fühler an den Kopf gestempelt. So haben diese auch auf Anhieb die richtige Länge.

10. Danach kommen die Flügel an die Reihe. Hierzu werden die oval geschnittenen Jutestücke verwendet. Diese werden ähnlich wie die Blätter für den Körper erst in weiße Farbe gedrückt und dann rechts und links neben den Hummelkörper gelegt, gleichmäßig fest angedrückt und sofort wieder entfernt. Zurück bleibt eine Gitternetzstruktur.

11. Wird auf das Gelb mit dem ausgefransten Pinsel (oder der Zahnbürste) noch ein wenig Orange aufgetragen, wirkt die Hummel gleich viel lebendiger, leuchtender und auffälliger als im Bild darüber.

12. Nun ist die Hummel in der Grundvariante fertig. Wer es so mag, kann es belassen, wie es jetzt ist.

 13. Die **großen Künstler** können noch folgenden Feinschliff vornehmen:

Mit einem schwarzen Fineliner werden die Flügel grob umrandet und einige Linien kreuz und quer über die getrockneten Flügel gezogen.

Danach wird Klebestift auf die Flügel aufgetragen und ein wenig Silberglitzer darüber gestreut.

Für die Augen werden zwei möglichst dunkle und gleich große Knöpfe aufgeklebt. Einige rote Sprenkeln Acrylfarbe (seien Sie sparsam!) können auf die Blüten und vielleicht auf die Hummel getupft werden.

Kleine bunte Miniperlchen (vorzugsweise in Gelb, Orange und Rot), die auf die Blüten geklebt werden, runden das Kunstwerk ab.

Weitere Bildvarianten zum Thema „Lustige Hummel"

Für alle drei Bilder auf dieser Seite werden zunächst die Hintergründe mit einem Schwämmchen und Wasserfarben gestempelt, wie es jeweils auf den kleineren Bildern zu sehen ist. Danach wird mit Acrylfarben weitergearbeitet. Wichtig ist, dass jede aufgetragene Farbe erst getrocknet ist, bevor die nächste folgt. Die Vorgehensweise bei allen drei Varianten ist gleich.

1. Variante mit Hummel im Anflug:

Die Hummel in Anflug auf die pinkfarbene Blüte wird ebenso wie die Blüte mit einem entsprechend zurechtgeschnittenen Schwamm gestempelt.

Dabei werden Blüte und Hummelkörper zunächst weiß vorgestempelt. Danach wird der Körper der Hummel komplett in Gelb gestempelt. Erst dann folgen die schwarzen Streifen.

2. Variante mit Hummel in Frontalansicht:

Ist der Hummelkörper fertig gestaltet, werden die Flügel zunächst mit Bleistift grob vorgezeichnet. Mit einem kleinen Gardinenreststück wird ganz wenig Weiß in die vorgezeichneten Flügelflächen getupft. Der Rand kann noch mit ein wenig weißer Farbe und einem dünnen Pinsel nachgezogen werden. Dadurch

setzen sich die Flügel vom Hummelkörper ab. Die Fühler und die Beine werden mit einem kleinen Plastikstück und schwarzer Farbe gestempelt (Vorgehensweise wie beim Thema „Fliegende Schirmchen").

3. Variante mit Hummel auf Blüte:

Nach dem Trocknen werden die Flügel mit einem schwarzen Fineliner nachgezogen. Dabei dürfen auch einige Striche längs und wenige kurze

Striche quer über die Flügelflächen gezogen werden. Die Blüten erhalten einen letzten Schliff, indem mit einem Plastikstück (wie oben bei den Fühlern und Beinen) einige wenige dunkelgrüne Striche zur Betonung ihrer Blätter gestempelt werden.

Der Möwenflug

Das Material

Material für alle Künstler (Grundvariante)
- Grundmaterial siehe Seite 13–14
- Schablone für die Möwe (siehe Seite 74)
- stärkeres Papier oder Pappe für die Schablone (DIN A4)
- 1 Bleistift
- Filzstifte oder vorzugsweise Lackstifte in Orange und Schwarz
- 1 spitze Schere
- 1 Lineal (30 cm)
- 1 Borstenpinsel in normaler Größe
- 1 Stupfpinsel oder dicker Borstenpinsel
- 1 Plastikdeckel
- 1 Stück Frischhaltefolie
- 1 Stück Alufolie
- weiße, blaue und hellblaue Acrylfarbe (leicht pastös)
- 1 stabiles Stück Papprolle (z. B. von Alu- oder Frischhaltefolie)
- 1 Messer oder Allzwecksäge
- Wolle
- 1 Einmalhandschuh
- 1 Wattebausch
- Deckweiß
- 1 hellblaue Pappe in DIN A4
- ggf. Klebeband

Material für kleine Künstler (vereinfachte Variante)
- Grundmaterial siehe Seite 13–14, allerdings nur 2 verschieden blaue Wasserfarben
- Material für alle Künstler (Grundvariante)

Die Anleitung

Die Möwe lebt am Meer und ist sehr schnell an ihrem schrillen Kreischen und am weißen Gefieder zu erkennen. Sie kann in Einzelfällen stolze 30 Jahre alt werden. Sie ernährt sich von Krebsen, Muscheln und kleinen Fischen. Es macht Spaß, die Möwen zu beobachten, wie sie so mühelos über einen hinweggleiten, während man am Strand steht. Füttert man sie, kommen sie schnell herbeigeflogen und stürzen sich auf die Nahrung. Vielleicht kann ja eines der Kinder ähnliche Erlebnisse von einem Urlaub am Strand berichten.

Dieses Thema eignet sich gut, um das Farblehrethema „Die Räumliche Wirkung der Farben" (siehe Seite 6–7) noch einmal aufzugreifen und zu erläutern. Besonders die großen Künstler können die Möglichkeiten der Tiefenwirkung in ihren Bildern voll ausschöpfen, alle Künstler können selbst entscheiden, welche Arbeitsschritte sie umsetzen möchten.

Kleine Künstler gehen wie beschrieben vor, achten jedoch nicht darauf, zum Horizont hin ein paar Wasserfarbenwellen frei zu lassen, wenn sie die blaue Acrylfarbe auf die Fläche rollen. Auch Schritt 10, die Nacharbeit, entfällt in diesem Fall.

Lassen Sie die Kinder bei diesem Projekt gerne experimentieren und schauen sie gemeinsam, wie sich manche Arbeitsschritte auf das Endergebnis auswirken. Wenn Sie zum Schluss die Zeit haben, legen Sie alle Bilder auf einem Tisch nebeneinander und schauen mit den Kindern gemeinsam, wie sich kräftige und grobe Strukturen im Gegensatz zu blassen Farben auswirken oder bei welchen Bildern sich die Möwe aus welchen Gründen besonders stark vom Untergrund abhebt.

1. Zur Vorbereitung können die Kinder leere, stabile Papprollen von Frischhalte- und Alufolie mitbringen. Mit einem Messer oder einer Allzwecksäge werden die Rollen gedrittelt, so dass handliche Stücke in der Länge von Toilettenpapierrollen entstehen.

2. Bevor es richtig losgeht, markieren die Kinder den Horizont auf ihren hellblauen Pappen. Dazu legen sie den Bogen quer vor sich und ziehen, 6 cm von oben gemessen, mit einem Bleistift kleine Striche an den rechten und linken Rand. Danach färben sie mit dem Borstenpinsel die Kante des 30 cm langen Lineals mit blauer Wasserfarbe ein.

3. Das Lineal wird mit der eingefärbten Kante auf die Pappe gedrückt, so dass ein gerader blauer Streifen entsteht. Achten Sie darauf, dass die Bleistiftstriche dabei mit Farbe überdeckt werden. Sie dienen als Hilfe, um den Streifen parallel zum oberen Rand platzieren zu können. Es ist völlig ausreichend, wenn der Streifen etwas blass bleibt, da er später nur als Orientierungshilfe dient.

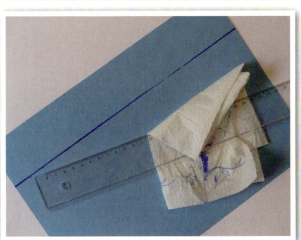

4. Danach wischen die Kinder das Lineal sofort gründlich mit einem Stück Küchenpapier ab, damit keine Farbrückstände darauf zurückbleiben.

5. Mit dem nassen Borstenpinsel geben die Kinder blaue Wasserfarbe auf einen Plastikdeckel. Darin tupfen sie ein zusammengeknülltes Stück Frischhaltefolie und bestempeln damit die größere, untere Hälfte der blauen Pappe. Dabei sollte die hellblaue Pappe noch stellenweise durchschimmern.

6. Anschließend werden die Plastikdeckel abgewaschen und mit einem Klecks Deckweiß versehen. Mit einem Wattebausch nehmen die Kinder etwas Farbe auf und stempeln einzelne Wolken auf die obere Bildhälfte. Dieser Vorgang muss so oft wiederholt werden, bis genügend schöne Wolken entstanden sind.

7. Für die nächsten Arbeitsschritte wickeln die Kinder in Partnerarbeit Wolle um die Papprollen und verknoten die Enden miteinander. Am Ende sollte jedes Kind eine fertige Rolle erhalten.

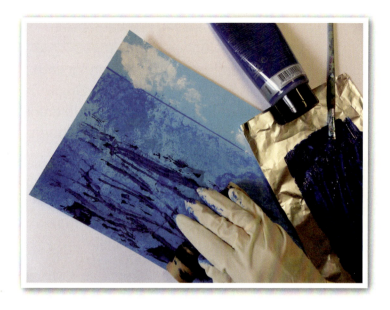

8. Auf einem Stück Alufolie verteilen die Kinder ca. zwei Teelöffel blaue Acrylfarbe. Die Breite des Farbstreifens soll dem Durchmesser der mit Wolle umwickelten Papprolle entsprechen. Dann ziehen die Kinder einen Einmalhandschuh an und nehmen mit der Papprolle blaue Farbe auf, indem sie sie über die Alufolie rollen. Mit der eingefärbten Rolle verteilen die Kinder die Farbe quer auf die untere Bildhälfte, die Wasserfläche.

9. Es ist sehr wichtig, die Wellen im Vordergrund mit viel blauer Farbe stark zu betonen und die weiter entfernte Wasserfläche möglichst hell und glatt darzustellen. Daher sollte darauf geachtet werden, dass in diesem Bereich die Wasserfarbenwellen nicht mit der Acrylfarbe überrollt werden. Wenn Letztere nur ganz unten auf dem Blatt aufgetragen wird, wird lediglich der Vordergrund stark betont und der Eindruck räumlicher Tiefe vermittelt.

10. Schließlich wird mit einem Ende der Papprolle ein wenig weiße oder hellblaue Acrylfarbe aufgenommen und über die obere Wasserhälfte gerollt.

 Für kleine Künstler entfallen die Arbeitsschritte 9 und 10.

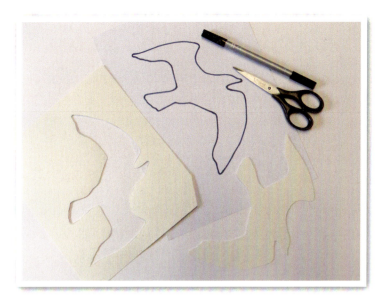

11. Alle Künstler schneiden die Kopiervorlage aus und übertragen die Umrisse der Möwe auf stärkeres Papier oder Pappe. Dort schneiden sie sie so aus, dass sowohl die äußere Form als auch die Möwe selbst vollständig erhalten bleiben. Hat ein Kind die Schablone an einer Stelle durchgeschnitten, muss die Stelle mit Klebeband zusammengeklebt werden.

Große Künstler können ihre Möwenschablone selbst anhand von Fotovorlagen (siehe beiliegende CD) anfertigen.

Für **kleine Künstler** empfiehlt es sich, die Schablone bereits im Vorfeld aus Pappe fertig auszuschneiden.

12. Damit die äußere Schablone gut platziert werden kann, wird zuerst die ausgeschnittene Möwe auf das Bild gelegt. Danach wird die Schablone um die Möwe herum gelegt und evtl. mit Klebeband ein wenig festgeklebt. Dann wird die Möwe wieder entfernt. Mit einem Stupf- oder Borstenpinsel tragen die Kinder deckend einen Teelöffel weiße Acrylfarbe auf. Anschließend entfernen sie die äußere Form sofort wieder.

13. Nach dem Trocknen bekommt die Möwe noch einen orangen Schnabel und ein paar schwarze Federn. Dazu verwenden die Kinder Filz- oder Lackstifte. Mit dem Bleistift können noch einzelne weiße Federn markiert werden. Damit die Kinder besser sehen können, wie die Möwe angemalt wird, können Sie entweder Ihr selbst angefertigtes Muster zeigen oder die entsprechenden Bilder von der beiliegenden CD ausdrucken und an die Kinder verteilen.

Weitere Bildvarianten zum Thema „Der Möwenflug"

1. Variante mit orangem Schnabel und schwarzen Federn:
Den kräftig orangen Schnabel und die schwarzen Federn an den Flügeln dieser Möwe hat das Kind sehr sorgfältig mit Filzstiften gemalt.

2. Variante vor sehr dunklem Hintergrund:
Durch das Auftragen von sehr viel dunkelblauer Farbe wird gerade bei diesem Bild der Farbkontrast sehr verstärkt und die Möwe wirkt noch näher als bei den anderen Kunstwerken.

3. Variante vor hellerem Hintergrund:
Bei diesem Bild hat das Kind weniger Farbe zum Rollen der Wasserfläche benutzt, wodurch das Bild aufgelockerter wirkt.

Blätterwirbel

Im Herbst findet vielerorts ein wunderbares Naturschauspiel statt: Die Blätter der Laubbäume verfärben sich allmählich, die Wälder werden nach und nach immer bunter. Wir nutzen die letzten Sonnenstrahlen für ausgiebige Spaziergänge im herbstlich duftenden Wald. Besonders der Oktober ist deshalb ein guter Monat für die Durchführung der nächsten beiden Kunstprojekte: „Das Herbstlaub" und „Das Blätter-Paarspiel".

Jede Jahreszeit hat ihre eigene, ganz besondere Farbgebung. Wiederholen Sie kurz mit den Kindern, welche Farben zu welcher Jahreszeit passen, indem Sie ihnen als Einstieg die Farbstreifen von Seite 8 zeigen und fragen, welcher Streifen jeweils passen könnte.
Der Herbst eignet sich besonders, um das Thema „Die Farben nach Jahreszeiten" aufzugreifen und zu vertiefen, weil gerade die herbstlichen Farbtöne besonders harmonisch auf den Betrachter wirken und dadurch Gemütlichkeit ausstrahlen. Schauen wir uns im Herbst den Wald an, begegnen uns überwiegend gebrochene und erdige Farbtöne. Außerdem sind es warme Farben, die zu einer Farbfamilie gehören. Dagegen sind Sommerfarben zwar auch überwiegend warm, aufgrund ihrer Buntheit aber eher aufregend, wohingegen Winterfarben durchgängig kalt wirken. Frühlingsfarben vermitteln durch ihre Frische und Klarheit neue Energie. Natürlich sind diese Eindrücke immer ein Stück weit Geschmackssache, aber es ist auf jeden Fall spannend zu beobachten, wie die Kinder die Farben zuordnen.
Damit Sie ihnen gut vermitteln können, wie unterschiedlich die Laubblätter aussehen und welches Blatt zu welchem Baum gehört, finden Sie auf den nächsten Seiten eine kleine Baumkunde zu den wichtigsten heimischen Laubbäumen.

Kleine Laub-Baumkunde

Die Eiche kommt in Mitteleuropa häufig vor, dabei gibt es ca. 400 verschiedene Eichenarten. Die Früchte sind ungefähr drei Zentimeter lang und eiförmig. Sie sitzen zu ca. einem Drittel in einer Art „Fruchtbecher". Die Blätter sind länglich und haben mehrere seitliche Einbuchtungen. Die Rinde ist hart und sehr profilreich. Die Eiche blüht im Mai, wird zwischen 30 und 40 Metern hoch und kann bis zu 1000 Jahre alt werden.

Die Birke kommt am häufigsten in Europa, Nordamerika und Asien vor. Es gibt ca. 50 verschiedene Birkenarten. Sie blühen von März bis Mai. Die Nussfrüchte sind klein, hellbraun und geflügelt. Birken werden zwischen 20 und 30 Metern hoch und können bis zu 50 Jahre alt werden. Die Blätter sind etwas dreieckig mit fein gezackten Rändern. Typisch für die Birke ist ihre schwarzweiße, teils rissige und teils glatte Rinde, an der diese gut zu erkennen ist.

Die Kastanie findet sich ebenfalls am häufigsten in Europa, Nordamerika und Asien. Es gibt ungefähr 20 verschiedene Kastanienarten. Sie blühen von Mai bis Juni. Ihre typischen Früchte sind stachelig und kugelförmig. Beim Aufplatzen der Schale erscheint die rotbraune Kastanie. Die Bäume werden zwischen 20 und 25 Metern hoch und können ein Alter von 200 Jahren erreichen. Die Blätter sind groß und gefingert und die Rinde ist überwiegend glatt, aber leicht angeraut.

Die Buche ist einer der in Deutschland bekanntesten Laubbäume. Die Früchte nennt man „Bucheckern". Buchen blühen von April bis Mai und werden zwischen 30 und 40 Metern hoch. Sie werden bis zu 300 Jahre alt. Die Blätter sind oval und wellig und die Rinde ist hart und glatt. Buchen werden gerne zum Bau von Möbeln verwendet, weil sie meistens dicke, astfreie Stämme haben.

Der Ginkgobaum kommt am häufigsten in Europa und Asien vor. Es gibt ca. 40 verschiedene Arten. Ginkgobäume oder „Ginkgos" blühen von Mai bis Juni. Sie werden zwischen 20 und 40 Metern hoch, können bis zu 1000 Jahre alt werden und tragen kleine, runde, grüne Früchte. Die Rinde ist eine dicke Korkschicht. Ihre Blattform ist auffällig fächerartig. In Zentralasien, wo Ginkgos ursprünglich heimisch sind, haben sie einen ähnlich hohen Stellenwert wie die Eiche hier in Deutschland.

Der Ahornbaum ist aufgrund seiner charakteristischen gelappten und gezackten Blattform und der besonderen Flügelfrüchte in Deutschland sehr gut bekannt. Es gibt ca. 150 verschiedene Arten, die u. a. in Europa, Kleinasien und Nordamerika heimisch sind. Der Ahorn wird zwischen 25 und 30 Metern hoch und kann bis zu 500 Jahre alt werden. Interessant ist, dass der Zucker-Ahornbaum in Nordamerika zur Gewinnung von Ahornsirup genutzt wird.

Das Herbstlaub

Das Material

Material für alle Künstler (Grundvariante)
- Grundmaterial siehe Seite 13–14
- 1 geviertelstes Haushalts-schwämmchen (die raue Seite wird abgeschnitten)
- 1 Schere
- Klebeband
- gesammelte Blätter
- 1 gelbe Pappe
- Acrylfarben (Rot, Hellrot und Orange)
- 1 Butterbrottüte
- ggf. Einmalhandschuhe

Material für kleine Künstler (vereinfachte Variante)
- Grundmaterial siehe Seite 13–14, allerdings nur die Wasserfarben Orange, Rot, Grün und Braun
- Material für alle Künstler (Grundvariante)

Material für große Künstler (Erweiterungsvariante)
- Grundmaterial siehe Seite 13–14
- Material für alle Künstler (Grundvariante)
- 1 Fineliner
- ggf. feste Rolle/dicker Klebestift, Korken oder eine Papprolle von Alu- oder Frischhaltefolie
- ggf. 1 orange Pappe in DIN A4
- ggf. 1 Packung Papiertaschentücher

Die Anleitung

Für dieses Thema benötigen Sie bunte Herbstblätter. An einem schönen, sonnigen Herbsttag können Sie mit den Kindern gemeinsam sammeln gehen. Falls Sie die Möglichkeit haben, ein Waldstück oder einen Park mit vielen verschiedenen Bäumen aufzusuchen, nehmen Sie sich ein Bestimmungsbuch mit und gehen Sie gemeinsam auf eine Baumbestimmungstour. Dabei sammelt jedes Kind in einer mit seinem Namen beschrifteten Butterbrottüte mindestens fünf schöne Blätter, die nicht zu groß sein dürfen, da mindestens drei davon zusammen auf eine DIN-A4-Pappe passen müssen. Es ist nicht unbedingt erforderlich, dass es Blätter von verschiedenen Bäumen sind. Es reichen auch ein oder zwei Sorten aus, die Sie vielleicht schon auf dem Schulhof finden. Passt es zeitlich oder vom Wetter her nicht, mit der Klasse gemeinsam zu suchen, sammeln Sie selbst pro Kind drei oder fünf Blätter, die sich ihrer Größe entsprechend gut auf einer DIN-A4-Pappe anordnen lassen.

Die gesammelten Blätter können zur weiteren Gestaltung frisch verwendet werden, oder sie werden gepresst, beispielsweise zwischen Büchern, damit sie sich bis zur nächsten Kunststunde nicht einrollen.

Dieses Thema ist für große und kleine Künstler gleichermaßen geeignet, bis auf wenige Arbeitsschritte, bei denen kleine Künstler genauere Vorgaben oder nur die angegebene Auswahl an Farbnäpfchen benötigen, damit sie nicht durch eine zu große Auswahl überfordert sind. Für große Künstler gibt es einen zusätzlichen Arbeitsschritt: das Nachzeichnen der Blattadern mit einem Fineliner.

1. Damit die Blätter beim Stempeln nicht ständig verrutschen, kleben die Kinder sie mit ein oder zwei gerollten Klebebandstreifen auf die gelbe Pappe.

※ Für **kleine Künstler** übernehmen Sie diesen Schritt und bekleben die Pappen auf die angegebene Weise bereits im Vorfeld.

2. Danach wird fleißig gestempelt: Zuerst stempeln die Kinder mit einem geviertelten Schwämmchen und roter Acrylfarbe gleichmäßig auf die gesamte Pappe, lassen aber einige Stellen frei. Ebenso verfahren sie mit hellroter Farbe. Danach füllen die Kinder die verbliebenen Lücken komplett mit oranger Acrylfarbe. Zusätzlich wird für eine bessere Farbverteilung hier und da noch Orange auf die rote Farbe getupft.

Tipp:
Für diesen Arbeitsschritt können auch Einmalhandschuhe verwendet werden.

Wichtig: Die Blätter werden anschließend vorsichtig entfernt, bevor sie ankleben. Dabei kann hier und da die Pappe beschädigt werden, was nicht weiter schlimm ist, da hierdurch interessante Effekte entstehen können.

Wichtig: Wenn möglich sollte jedes Kind die Blätter für den letzten Arbeitsschritt aufheben.

3. Nach dem Trocknen werden die entstandenen Blattformen erst mit oranger, dann mit grüner Wasserfarbe bestempelt. Danach werden noch Akzente mit roter Wasserfarbe gesetzt. Beachten Sie, dass die Blätter immer nur stellenweise mit einer der Farben bestempelt werden, so dass am Ende noch teilweise gelbe Pappe zu sehen bleibt.

※ **Kleine Künstler** bekommen für diesen Arbeitsschritt nur die angegebenen drei Wasserfarbennäpfchen zur Verfügung gestellt. Die Näpfchen lassen sich in der Regel einzeln aus dem Farbkasten entnehmen.

4. Noch fehlen die Blattadern auf dem Bild. Dazu werden die mittlerweile getrockneten Blätter umgedreht und auf der Rückseite stellenweise mit Schwämmchen und brauner und grüner Wasserfarbe betupft. Danach wird die eingefärbte Seite jeweils in die dazugehörige Blattform gedrückt. Dabei wird mehrmals mit den Fingern über die Blattvorderseite gestrichen, damit die Farbe abgegeben wird. Bei diesem Arbeitsschritt ist Teamwork angesagt: Die Kinder helfen sich gegenseitig bei der Zuordnung der Blätter, und während das eine Kind ein frisch eingefärbtes Blatt festhält, streicht das andere Kind vorsichtig mit den Fingern darüber.

Kleine Künstler bekommen auch für diesen Arbeitsschritt nur die angegebenen zwei Wasserfarbennäpfchen zur Verfügung gestellt und benötigen ggf. Ihre Hilfe oder zusätzliche Erklärungen beim Einfärben der Blätter mit dem Schwämmchen.

5. Große Künstler können zum Schluss zusätzlich einige Blattadern mit einem Fineliner einzeichnen. Sie sollten jedoch darauf achten, dass sie nicht jede einzelne Ader malen, denn auch in der Natur sind nicht alle gleichermaßen gut sichtbar. Außerdem sollten sich die Kinder für diesen Arbeitsschritt das jeweilige Original-Laubblatt danebenlegen und den Verlauf der Blattadern möglichst naturgetreu übernehmen.

Tipp:
Nach dem Trocknen können die fertigen Bilder, sollten sie sich etwas gewellt haben, gepresst werden.

Weitere Bildvarianten zum Thema „Das Herbstlaub"

1. Variante mit Farnblättern:

Für das Bild werden Wasserfarben mit wenig Wasser angerührt, damit sie schön cremig werden. Nun werden sie mit einem kleinen feuchten Schwämmchen auf die Farnblätter getupft. Danach werden die Blätter auf ein weißes Blatt Papier gelegt und mit einer festen Rolle (dicker Klebestift, Marker oder eine Papprolle von Alu- oder Frischhaltefolie) kräftig überrollt.

2. Variante mit Laubblättern in Herbsttönen:

Mischt man Acrylfarben in Rot, Orange und Grün jeweils mit Braun, entstehen diese herbstlichen Farbtöne. Mit einem Schwämmchen werden die Farben auf die Rückseiten der Laubblätter getupft. Nach dem Platzieren auf oranger Pappe werden die Laubblätter gleichmäßig angedrückt, wozu beispielsweise eine Packung Papiertaschentücher benutzt werden kann. Wichtig ist, das Schwämmchen vor jedem Farbwechsel auszuwaschen.

3. Variante mit herbstlichem Hintergrund weißen Laubblättern:

Für dieses Bild wurden die Laubblätter auf einem weißen Blatt Papier platziert, festgehalten oder mit Klebebandröllchen festgelebt und mit den jeweiligen Farben umtupft. Auch hier ist ein Auswaschen des Schwämmchens vor jedem Farbwechsel erforderlich. Grüne und ein wenig braune Wasserfarbe wird mit einem feuchten Schwämmchen aufgenommen und um die Blätter getupft. Für die anderen beiden Farbtöne werden Rot und Orange jeweils mit Braun gemischt.

Das Blätter-Paarspiel

Das Material

Material für alle Künstler (Grundvariante)
- Grundmaterial siehe Seite 13–14
- Laub von verschiedenen Bäumen
  (z. B. Birke, Eiche, Buche, Ahorn, Haselnuss,
  Kastanie, Ginko, Eberesche, Kirsche, …)
- 5 verschiedene Acrylfarben
- Alufolie
- 2–4 selbst hergestellte Pappquadrate
  (ca. 10 × 10 cm groß)
- Plastikfolie
- Buntstifte
- 1 Spitzer
- Filzstifte
- mehrere Borstenpinsel
- 1 Laminiergerät und Laminierfolien
- 1 Malkittel
- Einmalhandschuhe
- ggf. 1 Ast und Bindfäden
- Zeitungspapier

Die Anleitung

Wenn sich im Herbst die Blätter verfärben und anfangen, von den Bäumen zu fallen, ist die beste Zeit, mit den Kindern nach draußen zu gehen, die große Farbenvielfalt zu genießen, die vielen verschiedenen Bäume kennenzulernen und ganz nebenbei das Material für die Herbstprojekte zu sammeln. Das kann unter anderem durch folgende Spiele geschehen:

Das Zuordnungsspiel

Sammeln und laminieren Sie zur Vorbereitung einzelne Blätter von verschiedenen Bäumen. Auf einen Plakatkarton zeichnen Sie Kreise und beschriften diese mit den zu den gefundenen Blättern passenden Baumnamen. Das eigentliche Spiel findet in der Schule statt: Jedes Kind versucht so gut es geht, die verschiedenen Blätter den Baumnamen zuzuordnen, indem es die laminierten Blätter in die entsprechenden Kreise legt. Wenn es nicht regnet oder windig ist, kann dieses Spiel draußen durchgeführt werden.

Das Blättersammelspiel

Jedes Kind bekommt eine kleine Tüte (z. B. eine Butterbrottüte) und sucht mindestens drei verschiedene Bäume aus, von denen es jeweils ein Blatt mitbringt (z. B. von Ahorn, Birke und Eiche). Alle Blätter werden zusammengetragen und gemeinsam bestimmt (ggf. anhand von Bestimmungsbüchern). Danach legen die Kinder die Laubblätter auf ein A4-Blatt und umranden sie mit Bleistiften, Buntstiften oder Filzstiften. Abschließend werden die Blattadern eingezeichnet und die Baumnamen daneben geschrieben.

Da die Kinder nun die Bäume aus der Umgebung kennengelernt haben, bietet sich ein weiteres Spiel an, das mit einem Partner gespielt wird:

Bäumeraten

Immer zwei Kinder zusammen bekommen ein Tuch. Damit verbinden sie sich abwechselnd die Augen und führen sich zu den bereits bekannten Bäumen. Das Kind mit den verbundenen Augen muss jeweils durch Ertasten von Laub, Rinde und Baumumfang versuchen herauszufinden, um welchen Baum es sich handelt.

Tipp:

Je nach zur Verfügung stehender Zeit grenzen Sie die Anzahl der Bäume entsprechend ein.

Für das Paarspiel (auch bekannt als „Memoryspiel") werden viele verschiedene bunte Herbstblätter benötigt, welche von den Kindern oder Ihnen bei einem der angegebenen Spiele direkt mitgesammelt werden können. Wichtig ist, dass diese Blätter noch am gleichen Tag gepresst werden, beispielsweise zwischen Büchern, damit sie sich nicht zusammenrollen und somit für das Stempeln unbrauchbar werden. Jedoch dürfen die Blätter auch nicht durch eine zu lange Pressung trocken und brüchig werden. Ein bis zwei Wochen überstehen sie zwischen ein paar Büchern problemlos. Sind auf dem Schulhof und in der Umgebung nicht genügend verschiedene Bäume vorhanden, können Sie selbst zusätzlich im Vorfeld Blätter sammeln und pressen. Und vielleicht ist ja das ein oder andere Kind dabei, welches ebenfalls ein paar vorbereitete Blätter bis zur nächsten Kunststunde mitbringen kann.

Je mehr verschiedene Blättersorten gefunden werden, desto interessanter wird später das Paarspiel. Zur Bestimmung der Blätter können Bestimmungsbücher genutzt werden. Um den Kindern besser erklären zu können, worauf bei den Memorykarten geachtet werden muss (je zwei Karten mit gleichen Farben, Blättern und Beschriftungen, unbeschriftete Rückseiten), bereiten Sie einige Beispielkarten vor, die sie in der Klasse zeigen können. Weiterhin werden pro Kind mindestens zwei bis vier Pappkarten benötigt. Dazu schneiden Sie vorher die entsprechende Anzahl, jeweils 10 × 10 cm groß, aus weißem Karton aus. An den meisten Schulen befindet sich eine Papierschneidemaschine, mit der diese Aufgabe recht schnell zu erledigen ist. Differenzierungsstufen gibt es bei diesem Thema keine, da alle Arbeitsschritte von allen Kindern gleichermaßen ausgeführt werden können. Viel Spaß beim Memoryspielen!

1. Zu Beginn bereiten die Kinder ihre Plätze mit einer Malunterlage (z. B. Zeitung), zwei bis vier Pappquadraten, einem Stück Küchenrolle zum Händereinigen, pro Quadrat einem Stück Plastikfolie und mit Bunt- und Filzstiften vor.

2. In der Zwischenzeit legen Sie auf Ihren mit Zeitungen abgedeckten Tisch möglichst viele verschiedene Laubblätter und mindestens fünf verschiedene Acrylfarben auf Alufolie aus. Verteilen Sie jeweils eine haselnussgroße Menge flächig mit dem Pinsel. Sie können auch für jede Farbe ein einzelnes Stück Alufolie vorbereiten. Dazu legen Sie pro Farbe einen Borstenpinsel bereit.

3. Dann erklären Sie die Vorgehensweise: Jedes Kind sucht sich ein Blatt aus, legt dieses auf eine der vorbereiteten Farbflächen auf Ihrem Tisch, drückt es mit den Fingern oder dem passend zur jeweiligen Farbe bereitliegenden Pinsel leicht an und zieht es danach am Stiel vorsichtig wieder aus der Farbe heraus. Dann gehen die Kinder zügig zu ihren Plätzen zurück, damit die Farbe nicht trocknet, bevor die Blätter zum Einsatz kommen. Zwischendurch verteilen Sie mit den Pinseln immer wieder neue Farbe auf die Alufolie.

Wichtig: Hierbei sollten die Kinder auf jeden Fall Kittel tragen!

Tipp:
Halten Sie Einmalhandschuhe für die Kinder bereit, die Farbe an den Fingern nicht mögen.

4. Die Kinder legen die mit Farbe versehene Seite des Blatts auf eine der Pappkarten und drücken sie vorsichtig mit den Fingern oder dem Pinsel an. Dann umranden sie das Blatt leicht mit einem Buntstift. Diesen Stift wischen die Kinder sofort nach Gebrauch mit der Küchenrolle ab. Der Spitzer dient dazu, später die Buntstifte anzuspitzen, um dadurch alle Farbreste zu beseitigen. Nach dem Umranden wird das Laubblatt vorsichtig von der Karte abgezogen und erneut auf die vorbereitete Farbfläche gelegt. Die Kinder drücken das Blatt ein weiteres Mal in die Farbe, um einen zweiten Druck auf einer weiteren Pappkarte zu machen. Für das Memoryspiel müssen nämlich von jedem Laubblatt zwei möglichst ähnliche Drucke angefertigt werden.

5. Abschließend werden die Blätter auf der Vorderseite mit bunten Filzstiften mit den dazugehörigen Baumnamen und dem Namen des jeweiligen Kindes beschriftet. Damit die Kinder die Baumnamen richtig schreiben, schauen Sie zunächst gemeinsam mit ihnen, welche Blätter gestempelt wurden, und notieren Sie die entsprechenden Namen zum Abschreiben an der Tafel.

6. Weiterhin besteht die Möglichkeit, die fertigen Karten zu laminieren, damit sie später beim Spielen stabiler und besser geschützt sind.

Tipp:

Übrig gebliebenes Laub eignet sich in laminierter Form hervorragend als Lesezeichen. Eine weitere Option ist, aus den laminierten bunten Herbstblättern ein Mobile herzustellen. Dazu kann von draußen ein Ast geholt und an der Decke befestigt werden, um daran die laminierten Blätter mit unterschiedlich langen Bindfäden zu befestigen.

Schneegestöber

Auf den ersten Schnee freuen sich die meisten Kinder. Endlich können sie Schlitten fahren und Schneemänner bauen sowie Vögel am Futterhäuschen beobachten. Diese Vorfreude greift das erste Winterprojekt „Winterbilder" auf und kombiniert verschiedene Stempel mit typischen Wintermotiven. Wenn der Schnee faszinierend in der Sonne glitzert, ist die passende Gelegenheit, um sich auf die Entdeckungssuche nach Eiskristallen zu begeben. Das zweite Winterprojekt „Eiskristalle" ist bei entsprechender Vorbereitung für alle Kinder gut durchführbar. Wichtig ist, dass Sie im Vorfeld genügend große Stempel herstellen, diese selbst testen und den Kindern das Stempeln vorführen, damit sie wissen, worauf es ankommt. Während im Sommer warme Farben wie Gelb, Orange und Rot überwiegen, finden sich im Winter meistens kalte Farben wie Lila, Eisblau, Türkis und verschiedene Pastellfarben. Fragen Sie die Kinder, welche Farben sie mit dem Winter verbinden bzw. welche Farben zu dieser Jahreszeit überwiegen. Dann erinnern Sie sie mithilfe des Textes von Seite 6, was warme und kalte Farben sind.

So wie unten auf dieser Seite kann ein fertiges Winterbild aussehen, wenn nur kalte Farben verwendet werden. Der Schatten unter dem Tannenbaum besteht aus dunklen Wachsmalfarben, Blau und Schwarz. Die inneren Flächen des Baums haben einen ganz leichten Farbauftrag in Weiß und Lila erhalten. Warme Farben würden in einem Winterbild fehl am Platz wirken, weil sie einen störenden Eindruck erwecken können. Der Betrachter kann sich nicht zwischen Sommer und Winter entscheiden, weil die Farben teilweise warm, das Motiv aber winterlich ist.

© AOL-Verlag

Winterbilder

Das Material

Material für alle Künstler (Grundvariante)
- Grundmaterial siehe Seite 13–14
- selbst hergestellte Stempel (Material s. u.)
- Acrylfarbe, Schultempera oder Abtönfarbe (Weiß, wenig Braun und Beige)
- 1 Pinsel
- 1 blaue bzw. bunte DIN-A4-Pappe
- Schablonen für die Winterbilder (siehe Seite 75–77)
- 1 Bleistift
- 1 Radiergummi
- Filzstifte
- Wachsmalstifte
- ggf. Glitzer und Dekomaterialien
- 2 große Plakatkartons
- ggf. 1 Flaschenverschluss

Material für die Stempelherstellung
- Verpackungsmaterial, wie z. B. Plastikdeckel und -boxen von Wattestäbchen, Büroklammern oder Schrauben sowie Deckel von Marmeladengläsern
- Holzstücke mit festen, flachen Oberflächen, auf denen sich die Knetformen reliefartig anbringen lassen
- Bastelkleber
- 1 Schere (ggf. Nagelschere)
- Spielknete
- Schablonen für die Winterbilder (siehe Seite 75–77)
- Moosgummiplatten
- Werkzeuge zum Formen (z. B. stumpfe Messer, Zahnstocher, Nägel, Schrauben, Plastikspatel in verschiedenen Ausführungen)

Die Anleitung

Das Thema „Winterbilder" bietet ein breites Spektrum an Möglichkeiten. Alles was wir im Winter draußen sehen, kann in vereinfachter Form als Vorlage für diese Bilder genutzt werden. Gearbeitet wird diesmal mit Knete und Moosgummiplatten, welche auf Holzstücke und Verpackungen aufgeklebt werden, um Stempel herzustellen. Als Stempelfarbe wird Acryl oder eine ähnliche in der Schule vorhandene Farbe, wie zum Beispiel Schultempera oder Abtönfarbe, genutzt. Als Grund dient bunte Pappe in DIN A4.

Beginnen Sie mit einem Brainstorming, und halten Sie alles fest, was den Kindern zum Thema „Winterbilder" einfällt. Dazu zeigen Sie ihnen Zeitungsausschnitte mit entsprechenden gezeichneten oder fotografierten Abbildungen als Anregung. Hierfür kommt alles Mögliche infrage, vom Schneemannbauen über die Schneeballschlacht bis hin zum Eichhörnchen, welches nach versteckten Nüssen sucht. Die Eule im Baum, das gut besuchte Vogelhäuschen und Pinguine im Schnee vor Eisbergen sind ebenfalls sehr gute Motive.

Sind einige Ideen zusammengetragen worden, beginnen die Kinder mit dem Entwurf der Vorlagen auf ihren DIN-A4-Zeichenblöcken. Dabei arbeiten sie zuerst mit Bleistiften. Die Bleistiftzeichnungen können dann noch einmal vereinfacht werden. Anschließend ziehen die Kinder die Linien mit dicken Filzstiften nach. Weisen Sie an dieser Stelle unbedingt darauf hin, dass alles, was sie zeichnen, weder zu klein sein darf noch zu enge Kurven haben sollte, da sonst das Nachlegen der Zeichnungen mit Knete zu knifflig oder gar unmöglich wird. Damit die Kinder diese Regeln nachvollziehen können, können Sie Ihnen eigene, bereits vorgefertigte Stempel zeigen, welche Sie als Anschauungsmaterial dabei haben sollten. Auch kleine Künstler können zunächst eigene Zeichnungen anfertigen, da sie sich sonst langweilen, wenn alle anderen eifrig zeichnen. Was davon am Ende tatsächlich zur Stempelherstellung verwendet werden kann, legen Sie mit den Kindern gemeinsam fest.

Alternativ oder zusätzlich zu Bleistiftzeichnungen sollten Sie den Kindern aber auch die Schablonenbilder aus dem Anhang (siehe Seite 75–77) kopieren. Dabei haben Sie die Möglichkeit festzulegen, ob alle Kinder das gleiche Motiv nehmen, ob aus allen drei Vorlagen ausgewählt werden darf oder ob die Vorlagen zerschnitten und zu neuen Bildern zusammengesetzt werden. Dazu finden Sie hinter den Anleitungen zur Stempelherstellung und zum Stempeln weitere Bildvarianten zum Thema „Winterbilder" mit Bergen, Tannenbäumen und einem Schneemann.

Für kleine Künstler fertigen Sie im Vorfeld bereits einige Stempel an und lassen sie nur noch ein oder zwei Stempel mit einfachen Motiven herstellen, wie zum Beispiel die Sonne und die flachen Schneehügel. Der Kreis für die Sonne und die Streifen für die Sonnenstrahlen können aus einer Moosgummiplatte ausgeschnitten werden. Jedoch sollten Sie den kleinen Künstlern auch genügend Spielraum für eigene Kreationen lassen, da diese sonst traurig sind, wenn sie nicht wie die anderen Kinder kneten und kleben dürfen. Für alle Künstler halten Sie die Kopiervorlagen bereit, damit sie jederzeit darauf zurückgreifen können. Die großen Künstler sollten Sie dazu anhalten, möglichst auf die Kopiervorlagen zu verzichten und eigene Bilder und Stempel zu entwickeln.

Tipp:
Fertige Stempel können später auch untereinander getauscht werden.

Die Stempel können nicht nur zur Herstellung einzelner Bilder, sondern zusätzlich zur Verschönerung der Klasse verwendet werden, indem Sie die Kinder auf ein oder zwei große, aneinandergeklebte Plakatkartons stempeln lassen. Das Ergebnis wird anschließend im Klassenraum präsentiert. Damit dabei nicht alles durcheinandergeht und zum Beispiel der Schlitten im Himmel und die Wolken unter dem Tannenbaum landen, zeichnen Sie einige Details wie die Horizontlinie, einen Wald und einige Schneeverwehungen im Vordergrund mit weißen und grünen Wachsmalern vor. Die Bäume können noch mit braunen Wachsmalstrichen betont und die Schneeverwehungen mit etwas Blau untermalt werden.

Das Herstellen und Anwenden der Knetstempel anhand der Motive „Vogel" und „Tannenbaum"

1. Pro Motiv wird eine kleine Stange Knetmasse benötigt. Diese wird zunächst weich geknetet, dann wird eine Kugel geformt, und danach werden aus der Kugel möglichst gleichmäßig dünne „Wurststückchen" gerollt. Diese werden nun entlang der vorgezeichneten Linien gelegt und miteinander verbunden. Die dazu benötigten Motive können die Kinder entweder wie zu Beginn dieser Anleitung beschrieben selbst herstellen, oder sie können die Kopiervorlagen nutzen.

2. Als Nächstes werden die fertig zusammengefügten Knetmotive vorsichtig mit Bastelkleber bestrichen und auf ein passendes Trägermaterial geklebt – in diesem Fall ein Stück gehobeltes Rahmenholz.

Tipp:
Gehobelte Rahmenhölzer von zwei bis drei Metern Länge sind in unterschiedlichen Stärken im Baumarkt zu bekommen. Für den Transport kann man sie sich in handlichere Meterstücke oder direkt in Stempelgröße sägen lassen. Manche Schreinereien haben Holzabfallkisten und geben auf Nachfrage gerne kleine Reststücke ab.

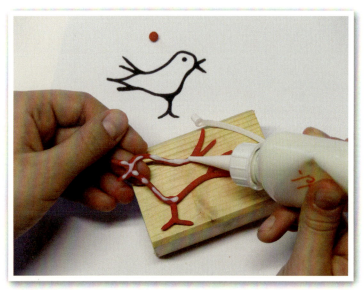

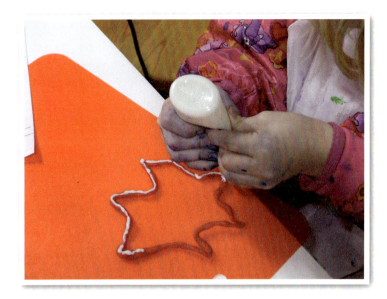

3. Danach wird der fertige Stempel einmal kurz, gleichmäßig und nicht zu fest mit der beklebten Seite nach unten auf die Tischplatte gelegt, um die Knete leicht zusammenzudrücken, damit sie anschließend an allen Stellen möglichst gleich dick ist. Dadurch entsteht später ein recht gleichmäßiges Druckbild.

Vorsicht: Ist die Knete zu weich, bleibt sie auf dem Tisch kleben und löst sich vom Stempel ab. In diesem Fall sollte sie mit den Fingern geglättet und erneut mit ein wenig Kleber beschichtet werden.

❄ Den Arbeitsschritt sollten Sie für die **kleinen Künstler** komplett übernehmen und dadurch allen anderen Kindern demonstrieren, wie es geht.

Anschließend können die Stempel bis zur nächsten Kunststunde trocknen. Ist der verwendete Kleber schnelltrocknend, kann sofort weitergearbeitet werden.

4. Nun kommen die Stempel zur Anwendung. Das Motiv auf der Knetseite wird mit einem Pinsel und weißer Acrylfarbe angemalt.

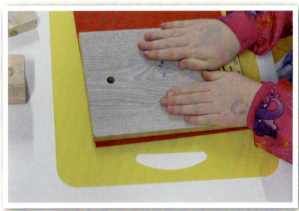

5. Danach wird der Stempel vorsichtig und möglichst kurz und gleichmäßig auf die gewünschte Stelle auf der Pappe gedrückt. Dauert dieser Vorgang zu lange, kann der Stempel festkleben und beim Abheben eine Pappschicht lösen.

Mit einem weiteren Stempel wird ebenso verfahren.

6. Abschließend stempeln die Kinder mit einem Knetkügelchen und weißer Farbe Schneeflocken auf das Bild.

Tipp:
Einen besonderen Effekt erzielen die Kinder, indem sie Glitzer in die noch frische weiße Farbe der Schneeflocken streuen. Wer möchte, kann zusätzlich Dekosterne aufkleben.

Das Herstellen und Anwenden der Moosgummi-Stempel anhand des Motivs „Eisbären"

1. Als Vorbereitung übertragen **alle Künstler** die Eisschollen der Kopiervorlagen (siehe Seite 75) mit weißen und blauen Wachsmalstiften auf eine blaue DIN-A4-Pappe.

Große Künstler können die unteren Kanten der Eisschollen noch ganz vorsichtig mit einem schwarzen Wachsmaler betonen. Dabei ist es sehr wichtig, die Kinder darauf hinzuweisen, dass das Schwarz nur sehr sparsam verwendet werden darf.

2. Danach geht es weiter mit der Herstellung der Eisbärenstempel aus Moosgummiplatten. Dazu werden die Eisbären zuerst mit der Schere aus den Kopiervorlagen ausgeschnitten und dann als Schablone verwendet, um die Umrisse mit Bleistift auf die Platten zu übertragen. Als Nächstes werden die Bären aus der Moosgummiplatte ausgeschnitten (benutzen Sie ggf. Nagelscheren).

Für **kleine Künstler** empfiehlt es sich, dass Sie diesen Arbeitsschritt übernehmen. Die Kinder haben dadurch auch mehr Zeit zum Malen der Eisschollen.

3. Die ausgeschnittenen Bären kleben die Kinder auf kleine, passende Holzstücke oder stabile Verpackungen aus Plastik oder Pappe. Danach müssen die Stempel trocknen.

4. Nun werden die Eisbären mit weißer Farbe angemalt. Dabei sollte nicht zu viel Farbe verwendet werden, um zu vermeiden, dass der Stempel beim Andrücken verrutscht. Damit die Bären echter wirken, kommt zur weißen Farbe noch etwas braune und beige Farbe an den Beinen und unter dem Bauch dazu. Auch hier ist es sehr wichtig, die Kinder darauf hinzuweisen, dass die braune Farbe nur sehr sparsam verwendet werden darf, da die Bären sonst zu „schmutzig" werden. Am Ende werden die Stempel mit Küchenrolle gereinigt, damit sie wieder verwendet werden können.

Weitere Bildvarianten zum Thema „Winterbilder"

1. Variante mit Eisbären, Schneehügeln und Glitzersternen:

Für dieses Winterbild wurden die Eisbärenstempel und der Stempel für die flachen Schneehügel verwendet. Die Schneeflocken hat das Kind mit kleinen Kugeln aus Knete gestempelt, und zum Schluss hat es das Bild noch mit einigen Sternen verziert.

2. Variante mit Eisbären und Schneeflocken:

Auf der dunkelblauen Pappe befinden sich gleich mehrere gestempelte Eisbären. Die Tatzen und einige Stellen im Fell sind mit ein wenig Dunkel- und Hellbraun gefärbt worden. Abschließend wurden mit einem Knetkügelchen Schneeflocken auf das Bild gestempelt.

3. Variante mit Eisbären, Schneeflocken und Tannenbaum:

Obwohl das Bild wegen der roten Pappe kein Winterbild im typischen Sinne der Farblehre und der kalten Winterfarben ist, wirkt es schön und weihnachtlich. Lassen Sie die Kinder ihre künstlerische Freiheit ausleben. Die Individualität, hier auch gut zu sehen an der Gestaltung des Tannenbaums, ist bei diesem Kunstprojekt besonders groß, da die Kinder den Freiraum haben, ihre eigenen Ideen einzubringen.

Tipp:
Die jeweilige Farbe der Pappe können sich die Kinder wenn möglich selbst auswählen. Diese sollte jedoch recht kräftig ausfallen, damit sich die Motive entsprechend vom Bildgrund abheben können.

4. Variante mit Eisbären auf Eisschollen:
Der hellblaue Karton dieser Variante harmoniert mit den meisten Winterbildern am besten, erstens weil Blau eine kalte Farbe ist, die zur Jahreszeit passt, und zweitens, weil sie den oft blassblauen Winterhimmel am besten wiedergibt. Sehr wichtig für den Farbkontrast sind die braunen Tatzen der Bären. Die Kombination von Wachsmalstiften und Acrylfarbe hilft zusätzlich, die Eisbären hervorzuheben.

5. Variante mit Winterlandschaft, Sonne und Tannenbaum:
Die Berge im Hintergrund werden als erstes mit Wachsmalstiften nach der Kopiervorlage oder nach eigenen Ideen gemalt. Interessant dabei ist, dass beim Übermalen des blauen Wachsmalers mit weißem Stift ein sehr schöner Lilaton entsteht. Je kräftiger mit Weiß übermalt wird, desto blasser wird das Lila. Zu beachten ist, dass die dem Sonnenlicht zugewandte Seite viel heller gemalt wird als die Schattenseite. Die Sonne wird mit einem Flaschenverschluss schräg über die Berge gestempelt. Mit einem Wachsmaler werden weiße Striche für die Sonnenstrahlen gezogen, welche ruhig über die Berge gemalt werden können. Zum Schluss werden noch die schneebedeckte Fichte und die flachen Schneehügel mit weißer Acrylfarbe gestempelt.

6. Variante mit Schneemann, Tannenbaum und Vögeln:
Dieses Bild ist entsprechend der Kopiervorlage von Seite 77 erstellt worden. Flächige Stempel, wie der Schneemann und die Sonne, werden am besten aus Moosgummi hergestellt, so wird der Farbauftrag schön gleichmäßig. Die Nase besteht aus festgeklebter oranger Knete, als Knöpfe dienen hier Pailletten.

Eiskristalle

Das Material

Material für alle Künstler (Grundvariante)
- Grundmaterial siehe Seite 13–14
- Deckel mit ebener Oberfläche (z. B. Verpackungen von Zitronentee, Brotaufstrich o. Ä.) oder Holzstücke
- Bastelkleber oder Holzleim
- Zahnstocher
- Schablone für die Eiskristalle (siehe Seite 78)
- 1 Schere
- Material für Glitzereffekte, wie z. B. Glitterstifte, Klebestifte und Glitzerpulver, Streudeko-Sterne
- ggf. 1 Joghurtbecher o. Ä.
- 1 Pinsel
- weiße Acryl- oder Abtönfarbe
- 1 Stück Alufolie
- dunkelblaue, schwarze oder bunte Pappe in DIN A4, ggf. quadratisch zurechtgeschnitten
- 1 Plastikspatel o. Ä.

Die Anleitung

Dieses Thema ist bestens für die Vorweihnachtszeit geeignet, da sich die fertigen Bilder sehr gut als Weihnachtsgeschenke oder Weihnachtsdekoration eignen.

Da die Entstehung von Eiskristallen sehr interessant ist, lohnt es sich, wenn möglich gemeinsam mit den Kindern, auf Entdeckungsreise zu gehen. Wenn es draußen null Grad und kälter ist, kann man Eiskristalle zum Beispiel an nicht isolierten Glasscheiben oder auch in Form von Reif an den Ästen der Bäume und Sträucher finden und mit einer Lupe vergrößern. Dann können Sie den Kindern erklären, dass die Kristalle entstehen, wenn ganz kleine Wassertropfen gefrieren und sich dabei an kleinen Staubteilchen festsetzen. Sie wachsen dadurch weiter, dass immer mehr Wasserdampf an ihnen festfriert. So bilden sich nach und nach die schönen Eiskristalle.

Das Geheimnis dieser interessanten, immer auf der gleichen Grundstruktur aufbauenden Kristalle ist das „hexagonale" System (altgriechisch Hexagon bedeutet „Sechseck"). Sie können zwar ganz verschiedene Größen und Formen annehmen, so dass es keine zwei gleichen Kristalle gibt, aber bestehen immer aus hexagonalen Plättchen oder Prismen. Wenn man genau hinschaut, kann man die Symmetrie der Eiskristalle erkennen, welche sich aus der sechseckigen Grundform ergibt. So entstehen faszinierende Kristalle, die in der Sonne schön glitzern.

Zusätzlich zu den Kristallen, die Sie gemeinsam draußen entdeckt haben, können Sie die Fotos auf der beiliegenden CD als Anregung für tolle Kunstwerke verwenden.

Die Stempelherstellung ist bei diesem Projekt am besten komplett von der Lehrkraft im Vorfeld zu übernehmen. Da die Zahnstocher nicht immer auf Anhieb haften bleiben und nachgeklebt werden müssen, hat die Lehrkraft so die Kontrolle darüber, dass am Ende auch alle Stempel optimal funktionieren. Alle weiteren Arbeitsschritte dieses Themas sind von allen Kindern gleichermaßen durchführbar. Deshalb gibt es hier keine Differenzierungsstufen.

Stempelherstellung für die großen Eiskristalle

Die ersten Arbeitsschritte sind für die Lehrkraft bestimmt.

Für die großen Eiskristalle werden Deckel ohne Oberflächenstruktur benötigt, d. h. mit einer ebenen Fläche ohne Rillen. Das können zum Beispiel Plastikdeckel von Brotaufstrich-Gläsern oder Zitronenteeverpackungen sein. Alternativ können Sie auch Holzstücke als Trägermaterial verwenden.

Damit ein symmetrischer 6-armiger Stern entsteht, ist eine Vorzeichnung auf dem Deckel vor dem Bekleben wichtig. Als Hilfe finden Sie eine Skizze der Grundform zusammen mit drei weiteren Beispielen für das hexagonale Kristallsystem als Kopiervorlage (siehe Seite 78) und auf der beiliegenden CD. Haben Sie die Grundform auf den Deckel übertragen, wird recht dick Bastelkleber oder Holzleim auf die vorgezeichneten Linien aufgetragen. Schneiden Sie von jeweils sechs Zahnstochern die spitz zulaufenden Ende ab (diese eignen sich nicht zum Stempeln, da sie weder genügend Farbe annehmen noch abgeben), legen Sie sie in die Kleberbahnen und drücken Sie sie leicht an. Die Zahnstocher sollten danach nicht über den Rand des Deckels hinausragen.

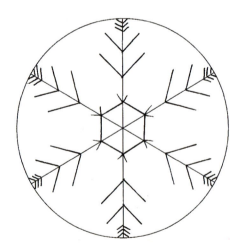

Tipp:
Beginnen Sie frühzeitig mit dem Sammeln der passenden Deckel für dieses Projekt. Lassen Sie die Kinder auch zuhause nach geeigneten Materialien fragen. Zur Durchführung genügt es, wenn immer drei Kinder zusammen einen Stempel haben.

Nun können die Kinder mit der Arbeit beginnen.

1. Zur Vorbereitung streichen immer zwei Kinder zusammen ein Stück Alufolie mit weißer Acrylfarbe ein. Das eine hält die Folie fest, und das andere streicht mit dem Pinsel die Farbe darauf. Dazu wird eine maximal haselnussgroße Menge benötigt. Die Farbfläche muss nur ein wenig größer sein als der Stempel selbst.

2. Zum Stempeln wird der Deckel mit den Zahnstochern gleichmäßig in die frische, ausgebreitete Farbe auf der Alufolie gedrückt. Dazu kann man mit dem Finger noch ein wenig über die Deckelinnenseite fahren, während der Deckel in der Farbe liegt. Danach stempelt man ihn auf die dunkelblaue Pappe. Auch hier ist es wichtig, den Deckel gleichmäßig anzudrücken. Jedoch sollte er zügig wieder entfernt werden, damit er nicht an der Pappe festklebt.

Wichtig: Die Kinder sollten die Pinsel sofort nach Gebrauch im Wasserbecher auswaschen, sonst werden sie hart und unbrauchbar.

3. Möchten die Kinder Glitzer verwenden, ist es sehr wichtig, ihn sofort auf die frisch gestempelte Farbe zu streuen, da diese sehr schnell trocknet und ihn dann nicht mehr halten würde. Dafür sollte jedes Kind ein wenig Glitzer, beispielsweise in einem Joghurtbecher, parat stehen haben.

4. Mit einem kleinen Plastikspatel oder Plastikstück werden nun kleine sternförmige Kristalle zwischen die großen Kristalle gestempelt. Für diesen Schritt können die bereits vorhandene Acrylfarbe und der Glitzer einfach weitergenutzt werden. Zusätzlich besteht die Möglichkeit, die Formen der großen Kristalle zu erweitern, indem kleine Verästelungen an die vorhandenen Kristallstrukturen angefügt werden.

Wichtig: Weisen Sie die Kinder unbedingt darauf hin, dass sie für jeden einzelnen Strich frische Farbe aufnehmen, den Spatel beim Stempeln aufrecht halten und immer wieder reinigen müssen.

5. Es besteht aber auch die Möglichkeit, Glitterstifte zu benutzen. Die Kinder können mit diesen Stiften die weißen Strukturen nachfahren, anstatt sie mit Glitzer zu bestreuen, und kleine Punkte oder Sternchen zwischen die großen Kristalle setzen. Dabei können sie selbst entscheiden, ob sie ihr Bild einfarbig, wie in der Abbildung, oder bunt gestalten möchten.

6. Eine weitere Option ist die Verwendung von weihnachtlicher Streudeko. Diese bunten Sterne werden einfach mit einem Klebestift zwischen die anderen Kristalle geklebt.

Tipp:

Glitterstifte, Glitzerpulver und Streudeko-Sterne sind besonders in der Vorweihnachtszeit günstig im Angebot von Discountern zu finden.

Wichtig: Kinder neigen dazu, beim Kleben immer alles fest anzudrücken. Erklären Sie den Kindern daher genau, dass die Sterne nur ganz sachte auf den Kleberklecks gelegt werden und keinesfalls angedrückt werden sollen, sonst drückt sich der Kleber an den Seiten heraus, und es kann passieren, dass der gerade platzierte Stern am Finger kleben bleibt statt auf dem Blatt.

Weitere Bildvarianten zum Thema „Eiskristalle"

1. Variante auf grünem Grund mit Glitzer und Streudeko:
Damit nicht alle Bilder ähnlich aussehen, kann jedes Kind sich die Farbe der Pappe selbst aussuchen. Die Kristalle wirken am besten auf einem quadratischen Hintergrund. Auf der grünen Pappe wurden zusätzlich zur weißen Acrylfarbe Glitzer, Streudeko und Glitterstifte verwendet.

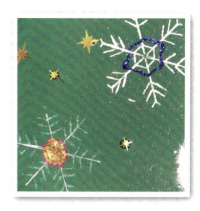

2. Variante auf schwarzem Grund:
Es ist auch möglich, nur mit weißer Acrylfarbe auf schwarzer Pappe zu arbeiten. Das ergibt den größtmöglichen Kontrast und sieht zudem schick aus.

3. Variante auf rotem Grund mit Streudeko:
Auf dunkelroter Pappe wirkt das Bild wiederum ganz anders. Hier wurde hauptsächlich mit der einfachen Stempelform und Streudeko gearbeitet.

4. Variante auf schwarzem Grund mit Glitzer:
Werden die Kristalle auf schwarzer Pappe mit Klebestift bestrichen und mit Glitzer in kalten Farben wie Blau, Lila und Pink bestreut, entstehen phantastisch schillernde Kristalle.

5. Variante auf blauem Grund mit Silberglitzer und Streudeko:
Auf blauer Pappe mit weißer Acrylfarbe aufgetragene Kristalle, die mit Silberglitzer bestreut und mit Streudeko in Silber und Blau ergänzt werden, wirken kalt und edel.

Tipp:
Da jedes Kind andere Vorlieben an Farben hat und ganz unterschiedlich viel Glitzer und Deko aufkleben kann, wird jedes Bild ein individuelles Kunstwerk, welches sich sehr gut als Weihnachtsgeschenk eignet.

Anhang: Schablonen

Der Möwenflug

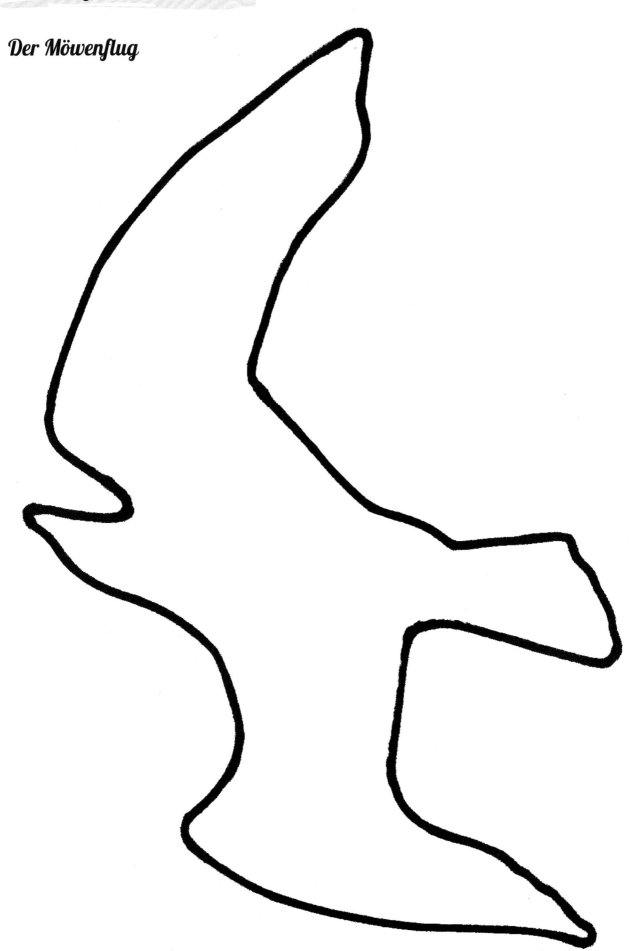

Winterbilder – Eisbären im Schnee

Winterbilder – Eisige Kälte

Winterbilder – Schneemann mit Vögeln

Eiskristalle

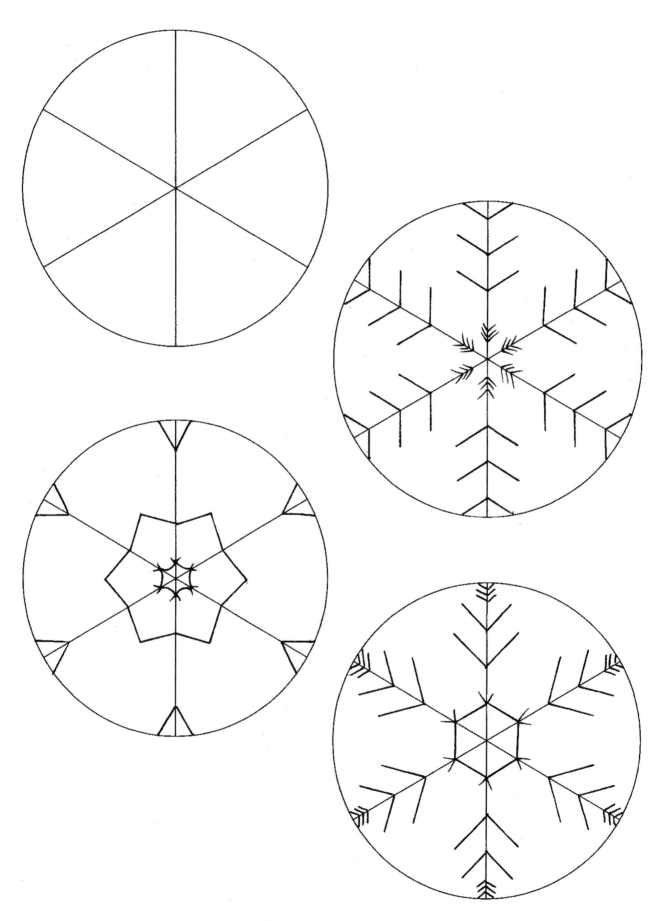

Nachwort

Schon lange hege ich den Wunsch, endlich einmal eine Buchreihe über all die verschiedenen Bilder und Anleitungen zu verfassen, die über Jahre hinweg in meinen Kindermalkursen entstanden sind. Deshalb freut es mich ganz besonders, dass Sie mit diesem Buch bereits den zweiten Titel in Ihren Händen halten. Meine Ideen sammle ich in den Kursen meiner Kunstwerkstatt und bei verschiedenen Workshops, wie zum Beispiel im nahegelegenen Forsthaus Hohenroth mitten im Wald. Es macht mir immer wieder sehr viel Freude zu beobachten, wie die Kinder die Natur erkunden und mit allen Sinnen erleben, um das Entdeckte anschließend in ihren Kunstwerken festzuhalten. Darüber hinaus finde ich in meiner Werkstatt, bei meinen Wanderungen durch das schöne Siegerland, auf Streifzügen durch Baumärkte und bei Besuchen in Tierparks immer wieder neue Inspiration für Bilder und Malkursthemen. Auch für dieses Buch habe ich zunächst Musterbilder nach meinen eigenen Naturfotografien in Acryltechnik für die Kindermalkurse entwickelt und ausprobiert. Danach haben verschiedene Lehrkräfte die nun in Stempeltechnik umgesetzten Bilder samt Anleitungen im Kunstunterricht eingesetzt und bewertet. Selbst die größten „Kunstmuffel" konnten mit den Ideen aus diesem Buch begeistert werden, so die Rückmeldungen der Lehrkräfte. Einige in der Schule entstandene Fotos runden das ein oder andere Thema zusätzlich ab. Somit sind die Ideen meiner Kunstbücher praxiserprobt und entsprechend leicht zu handhaben. Wenn Sie Wünsche oder Anregungen haben, besuchen Sie gerne meine Homepage www.kunstwerkstatt-wied.de.

Engagiert unterrichten.
Natürlich lernen.

Außerdem empfehlen wir Ihnen:

Anja Wied

Gestalten mit Wasserfarben: Wasserwelten

Ideenfundus · Bild-für-Bild-Anleitungen · Schablonen · Differenzierungsangebote

Wasserlandschaften in bunten Farben malen, Seesterne basteln, Korallenriffe aus Stoffresten gestalten – mit diesen Materialien werden Ihre Grundschüler rund um das Thema „Wasserwelten" zu kreativen Künstlern. Neben einer kurzen methodisch-didaktischen Einführung, einer Materialliste und Tipps zur Präsentation der fertigen Bilder gibt es einfache und anschauliche Schritt-für-Schritt-Anleitungen zu acht Themen – jeweils mit Foto und Beispielkunstwerk als Anregung. Die acht Grundmotive werden in drei Differenzierungsstufen erklärt. So wird jedem Kind ein individueller Erfolg ermöglicht und die Kunststunden werden zu fantasiereichen Oasen des Schulalltags. Die CD enthält alle Kopiervorlagen zum Ausdrucken sowie die Vorlagenbilder und Naturfotografien zu den einzelnen Malthemen.

Für jeden Arbeitsschritt ein Foto: So gelingen fantasievolle Wasserfarbenbilder!

→ Klasse 3–4, Heft, 80 Seiten, DIN A4, inkl. CD, **Nr. 10286**

Catarina Volkert

Jetzt machen wir Pop-Art!

Tolle Gestaltungsideen frei nach Warhol, Haring, Britto, Rizzi und Lichtenstein

Mit diesen erprobten Materialien erhalten Sie originelle Unterrichtsideen rund um die spannende Kunstrichtung Pop-Art! Jedes Kapitel widmet sich einem berühmten Künstler und wird durch eine hilfreiche Übersicht über Zeitaufwand, Arbeitsform, Technik, Materialien, Verwendungs- und Präsentationsmöglichkeiten, Literatur und Weblinks eingeleitet. Anhand methodisch abwechslungsreicher Arbeitsblätter lernen die Kinder den Künstler und seine Werke, Stile und Motive kennen und gestalten im Anschluss daran nach diesem Vorbild kreative und praktische Gegenstände wie Kunstmappen, Tischsets oder Spardosen.

Poppige Kunstwerke für den Alltag!

→ Klasse 2–4, Heft, 72 Seiten, DIN A4, vierfarbig, **Nr. 10127**

Anja Mohr

Kreatives Gestalten am Computer

Tolle Ideen · erprobte Stundenverläufe · einfach bedienbare Freeware

Mit diesen Materialien gelingt Ihnen ein spannender Kunstunterricht, in dem Ihre Schüler am Computer vielfältige Bilder, Collagen, Farb- und Musterentwürfe sowie Portfolios gestalten und auf diesem Wege neue künstlerische Ausdrucksmöglichkeiten kennenlernen. Neben didaktischen Tipps zum Kunstunterricht mit dem Computer bietet Ihnen das Heft 16 kreative Unterrichtsideen. Jede Unterrichtseinheit besteht aus einer Einführung und einer Übersicht zur technischen Ausstattung. Alle Unterrichtsphasen werden Schritt für Schritt erläutert. Die CD enthält alle Arbeitsblätter in Form editierbarer Wordvorlagen sowie hilfreiches Zusatzmaterial.

Kunst am Computer: 16 leicht umsetzbare Ideen zum Durchstarten!

→ Klasse 1–4, Heft, 72 Seiten, DIN A4, inkl. CD mit Tutorials und editierbaren Vorlagen, **Nr. 10065**

Unser Bestellservice:

Das komplette Verlagsprogramm finden Sie in unserem Online-Shop unter: www.aol-verlag.de

Bestellung per Telefon: 040-32 50 83-060

Bestellung per E-Mail: info@aol-verlag.de